원어성경으로 풀어가는

요한복음 I

그가 내 안에, 내가 그 안에

εἰρήνη 에이래내 · עִמָּנוּאֵל 임마누엘 · שָׁלוֹם 샬롬

원어성경으로 풀어가는

요한복음 I

그가 내 안에, 내가 그 안에

εἰρήνη 에이레네 · עִמָּנוּאֵל 임마누엘 · שָׁלוֹם 샬롬

임성환 지음

kmc

추천의 글

요한복음의 영적인 독특함을 원어로 해석하였습니다

이 책은 요한복음의 영적인 독특함을 원어로 잘 풀어 해석하였습니다. 하나님께서 우리에게 말씀하시는 뜻을 조금 더 명확하게 이해하게 해 주었기에 중요한 책입니다. 공관복음인 마태, 마가, 누가복음이 육신으로 오신 예수님을 통하여 하나님의 나라를 설명하고 있다면, 요한복음은 빛으로 오신 예수님을 통하여 하나님 나라의 참된 신비의 영성을 가르쳐 줍니다.

요한복음은 복음 전파와 구원에 대한 말씀을 제시하면서, 신앙인들의 성숙한 삶을 함께 강조하고 있습니다. 특별히 요한복음 2장의 가나 혼인잔치 이야기, 3장의 니고데모 이야기, 4장의 사마리아 여인의 이야기, 9장의 소경 이야기, 11장의 나사로의 부활 이야기 등은 다른 복음서에는 기록되어 있지 않습니다. 이 책은 오직 요한복음에만 기록되어 있는 말씀의 의미를 원어로 잘 분석하고 해석하여서, 성도들이 실천해야 할 천국 소망을 제시해 줍니다.

이 책은 우리가 습관적으로 들어온 목회자들의 설교를 그대로 답습하거나, 원어를 수단으로 그러한 설교를 이해시키려고 하지 않습니다. 더구나 설교자들이 드러내는 상상적 설교(자신이 경험한 학문, 문화, 환경 등을 중심으로 성경을 풀어가는 설교)는 원어를 다룬다고 하더라도 상상에 의한 원어적 오류를 드러내기 쉬운데, 이 책은 상상을 최대한 멀리하여 원어를 잘 해석해 내고 있습니다. 이렇게 이스라엘을 중심으로 한 율법을 중심으로 하나님 나라의 임재를 성경 속에서 유추해 내고, 성도들에게 하나님의 나라를 잘 이해시켜, 오류(오해)가 없게 하는 은혜를 전합니다.

목회자들에게 설교의 가장 중요한 초점은, 성도들에게 하나님께서 이 땅에 성육신 하시어 우리를 구원하신 복음의 말씀을 예수님께서 우리에게 말씀하시고자 한 그대로 잘 설명하고 이해시켜서, 그들이 하나님의 나라를 체험하고 사모하여 이 땅에서 하나님의 사람으로 살다가 주님의 품에 안기도록 하는 것입니다. 그러므로 성경에 드러나거나 숨겨진 예수님의 마음을 원어의 올바른 해석을 통하여 성령의 감동으로 성도들에게 풀어 전하여, 그들이 하나님의 마음을 품고 성숙한 그리스도인이 되게 하는 것이야말로 설교의 가장 중요한 초점입니다.

이 책의 원어적 해석은 단순히 학술적이고 문자적인 해석 정도에서 그치지 않고, 그 해석 안에 담긴 의미를 발견하여서 깊은 감동을 맛보게 합니다. 이렇게 이 책은 목회자뿐 아니라 성도들에게 요한복음의 말씀을 감동이 있는 하나님의 성숙한 말씀이 되도록 제시해 줍니다.

요한복음에는 성도를 하나님 나라의 성숙한 백성으로 만드시는 예수님의 생명의 가르침이 담겨 있습니다. 성령의 능력 없이는, 요한복음 안에서 이 가르침을 얻을 수 없습니다. 모든 성도가 예수님의 이 생명의 가르침을 깨닫고 기억하기를 소원하시는 분이 성령님이신데, 요한복음이 성령님께서 가장 소원하시는 생명의 가르침의 말씀이 되도록, 성령 충만함을 유지하고자 기도로 애쓰며 쓴 이 책이 이 시대에 갈급한 모든 그리스도인들에게 날마다 능력의 말씀으로 드러나길 바랍니다. 빛으로 오셔서 말씀이 되신 예수님의 삶의 기적을 체험케 하는 책이 되기를 바랍니다.

이 책으로 그동안의 요한복음의 상상해석으로부터 율법의 말씀의 유추적 해석으로 나아가 많은 사람들이 믿음의 성숙함을 이루는 전환점이 되기를 소원하며, 적극 추천하는 바입니다.

윤보환 목사

(영광교회, 시흥남지방 감리사, 세계복음화협의회 대표회장)

원어 본문과 씨름한 수고의 작은 열매들입니다

앞서 출간한 사도행전, 누가복음 I, II와 같이, 「원어성경으로 풀어가는 요한복음 I」도 원어 본문을 통해서 발견할 수 있는 본문들을 풀어내려고 노력했습니다. 원어 본문을 대할 때 새롭게 다가오는 은혜와 감동의 정체를 붙들고 씨름한 수고의 작은 열매들을 글로 엮었습니다. 원문과 씨름하면서 때로는 힘도 들었습니다. 원문 말씀의 방향을 잡는 것은, '시작이 반이다.'라고 하는 말과 같이, "반"씩이나 감당하는 것이기에 쉽지는 않았습니다.

그러나 이런 어려운 시간들보다는 기쁘고 감사한 시간이 더 많았습니다. 부족하지만, 말씀을 알아가고 깨달아가는, 말씀과 만나고 말씀을 통하여 은혜를 받아가는 시간들이었기에 감사했습니다. 요한복음을 출간하면서 지난 시간들을 되돌아보니, 그 시간들은 이 책의 원고를 썼던 시간이 아니었습니다. 말씀 안에 계신 예수 그리스도를 만나기 위해 애쓰고 수고한 시간이었습니다. 확실히 책은 뒷일이었던 것 같습니다. 그래서 이 책은 덤이라는 생각이 듭니다. 예수님께서 이 수고를 기뻐하셔서, 부족한 저를 말씀을 통하여, 말씀 안에서, 말씀으로 만나주셨다고 믿습니다. 그랬기에 어려운 시간들조차도 오히려 은혜와 기쁨이 충만했던 시간이었습니다. 감사하고 또 감사합니다. 감사할 뿐입니다.

목회하면서 글도 쓰고, 책까지 출간할 수 있다는 것은 큰 기쁨입니다. 이 기쁨을 선물해 준 신화교회 이정열 이숙자 김기두 장로님과 모든 성도님들께 고마움을 전합니다. 동역자 되어 함께 귀한 목회를 감당하는 사랑하는 아내 이진숙 사모와 딸 단비, 아들 건명에게도 고마움을 전합니다. 하나님의 귀한 백성으로 날마다 성장하는 단비와 건명이가 되기를 기도합니다.

추천의 글을 써 주신 존경하는 시흥남지방 윤보환 감리사님께 깊이 감사드립니다. 지난 누가복음 II의 추천의 글에 남겨주신 "성경해석과 상상해석"의 가르침이 지금까지도 메아리칩니다. 그때 받았던 은혜의 메아리는 오히려 점점 더 커져만 갑니다. 얼마나 커질지는 시간이 흐른 뒤에 확인할 수 있겠지요. 원어성경으로 풀어가는 시리즈를 상상해석이 아니라, 성경해석으로 풀어내라고 사랑으로 가르쳐 주신 스승님의 귀하신 가르침을 가슴에 새기고 또 새깁니다. 내 이야기가 아니라, 성경의 말씀을 글로 엮어내는 목사가 되겠습니다.

하나님께서 부족한 종의 걸음을 여기까지 인도해 주셨습니다. 앞으로도 이끌어 주실 하나님의 인도하심을 소망하며, 모든 영광을 하나님께 올려드립니다. 부족한 종의 작은 글을 통하여, 하늘에서와 같이 이 땅 위에서도 하나님의 이름이 거룩히 여김을 받으시고, 하나님의 나라가 임하시고, 하나님의 뜻이 이루어는 것이 저의 양식임을 고백합니다.

> 하나님이여 주는 하늘 위에 높이 들리시며
> 주의 영광이 온 세계 위에 높아지기를 원하나이다(시편 57편 11절)

2014년 4월

저자 임성환 목사(신화교회)

Contents

헬라어 알파벳과 읽기

신약성경을 기록한 헬라어 알파벳과 읽기 및 발음을 소개합니다. 발음은 미묘한 부분이기에 대략적인 발음을 한글로 표기합니다.

대문자	소문자	읽기	발음	대문자	소문자	읽기	발음
Α	α	알파	아	Ν	ν	뉘	ㄴ
Β	β	베타	ㅂ	Ξ	ξ	크시	ㅋㅅ
Γ	γ	감마	ㄱ	Ο	ο	오미크론	오
Δ	δ	델타	ㄷ	Π	π	피	ㅍ
Ε	ϵ	엡실론	에	Ρ	ρ	로	ㄹ
Ζ	ζ	제타	ㅈ	Σ	σ(ς)	시그마	ㅅ
Η	η	애타	애	Τ	τ	타우	ㅌ
Θ	θ	쎄타	ㅆ(th)	ϒ	υ	윕실론	위
Ι	ι	이오타	이	Φ	φ	피	ㅍ
Κ	κ	캎파	ㅋ	Χ	χ	키	ㅋ
Λ	λ	람다	ㄹㄹ	Ψ	ψ	프시	ㅍㅅ
Μ	μ	뮈	ㅁ	Ω	ω	오메가	오

헬라어 발음

1. 모음

α(아) ε(에) η(애) ι(이) ο(오) ω(오) υ(위)

2. 이중모음

ει(에이) οι(오이) αυ(아우) ευ(유) ου(우)

3. 주의해야 할 알파벳

1) σ(ς), 시그마는 단어 끝에서는 ς로 표기합니다.

2) γ(감마)가 γ, ζ, κ, χ 앞에 올 때는 'ㄱ'이 아니라, 'ㅇ'으로 발음됩니다.

4. 숨표

1) 연기식 - 최초 모음이나 이중 모음 위에 '를 붙입니다.

ἀ(아) ἐ(에) ἠ(애) ἰ(이) ὀ(오) ὠ(오-) ὐ(위) εὐ(유) αὐ(아우)

2) 강기식 - 모음 ἀ(아) ἐ(에) ἠ(애) ἰ(이) ὀ(오) ὠ(오-) ὐ(위)에는 기본적으로 연기식'이 붙습니다. 그런데 이 모음에 강기식'이 붙으면, 다음과 같이 발음이 변하게 됩니다. ἁ(하) ἑ(헤) ἡ(해) ἱ(히) ὁ(호) ὡ(호-), ὑ(휘), 그리고 εὐ(유)는 εὑ(휴)로, αὐ(아우)는 αὑ(하우), εἰ(에이)는 εἱ(헤이)로, οἰ(오이)는 οἱ(호이)로, οὐ(우)는 οὑ(후)로 변하게 됩니다.

5. 개인적인 약속

1) ε(엡실론)은 '에'로, 그리고 η(애타)는 '애'로 발음 표기하겠습니다.

2) θ(쎄타)는 'th' 발음입니다. 'ㅌ', 'ㄷ'으로도 표기하는데, 'ㅆ'로 표기하겠습니다.

자세하게 배우고 싶은 분은 헬라어 문법책을 참고하세요.

이 책에 사용된 헬라어 본문은 「그리스어 신약성서 한국어 서문판」 27판(Nestle-Aland Novum Testamentum Graece, 27th ed. with Korean Foreword © Korean Bible Society 2010, 2012년 5월 30일 1판 3쇄)을 따랐습니다.

이 책의 활용법

이전 책들(사도행전, 누가복음 I, II)은 짧은 '원어해설'과 분량이 긴 '원어해설 설교'로 나누어져 있어서 이용하기가 비교적 편리했을 것입니다. 반면 이 책은 구조상 '원어해설'과 '원어해설 설교' 부분이 하나로 합쳐져 있어서, 읽고 이해하는 데 좀 불편하고 어려울 수 있습니다. 그러나 짧은 내용의 '원어해설'이 '원어해설 설교' 안에 포함되어, 하나의 제목 아래서 조화롭게 엮이는 것이 본질적인 방향입니다. 이후에 출간되는 책들은 이런 방향에서, 조금은 길지만 '원어해설 설교'의 형식을 취하게 될 것입니다. 이미 원고를 마쳐놓은 「갈라디아서」, 「요한복음 II」, 「마태복음 I, 팔복과 주기도문」은 '원어해설 설교'를 지향(指向)하며 작성되었습니다.

현대에서 편리함은 가장 큰 매력 중 하나입니다. 그러나 하나의 설교를 최대한(?) 온전하게 작성하는 것, 하나의 메시지-주제 아래 관련된 내용들을 뒷받침하는 설교문을 만들어 내는 것에는 훨씬 미치지 못한다고 생각합니다. 그래야 한다고도 생각합니다. 물론 개인적인 생각입니다. 이 방향을 따라가기 위해서 원어를 해설한 여러 내용을 한 주제 아래 묶었습니다. 분량은 늘어났습니다. 그러나 오히려 하나의 설교문을 이루는 구조는 더 가지를 뻗어 튼튼해졌다고 생각합니다. 정리와 이해는 좀 더 복잡해졌지만, 잘 이해만 한다면 많은 증거들을 뒷받침할 수 있어 수고와 추적의 보람을 보상받게 될 것입니다.

이렇게 이용해 보세요. 분량이 많아서 길고 여러 가지로 뻗어 있지만, 제목이 의미하는 메시지-주제를 방향으로 잡아 보세요. 이 빛 가운데서 본문의 여러 가지들을 따라가 보세요. 때로는 정신이 없을 수도 있겠지만, 오히려 더 많은 증거를 얻게 될 것입니다.

더 많은 증거는 자연히 더 많은 이해로 연결될 것이고, 나아가 더 많은 확신(?), 곧 은혜로 연결될 것이라 믿습니다.

이렇게 책을 이해했다면, 다음과 같이 이용해 보세요. 여러 구조와 갈래, 가지들을 전부 이용할 생각을 버리세요. 이해된 부분만, 가능하다면 이해해야 할 부분은 꼭 포함시켜서 이용하면 됩니다. 이런 부분들을 뽑아서 새롭게 나름대로 재구성하면, 책은 제 책이지만, 설교는 여러분의 새로운(?) 한 편의 설교, 하나의 메시지가 될 것입니다.

이 과정을 돕기 위해 단락의 구별을 보다 정확하게 하고자 하나의 의미들을 해설하는 단락들로 세우려고 노력했습니다. 그래야 단락들을 좀 더 분명하고 쉽게 취사선택할 수 있을 것이라 생각했기 때문입니다. 이 책의 전체를 이해하고 이용하기가 어렵다면, 일단은 첫걸음으로서 단락별로 이해해 보세요.

저도 이렇게 단락을 이해하고 연결하여 원고를 작성했습니다. 단락들을 쓰고 모으다 보니 어느새 원고가 되었습니다. 저도 설교로 전하거나 이용할 때, 한 편의 설교문 아래 엮인 모든 내용을 다 담거나 사용하지 않습니다. 원고 중에서 필요하다고 여겨지고 마음에 와 닿는 단락들을 조각내어 모아두었다가, 다시 이 조각들을 배열하고 엮어서 새로운(?), 원고와는 또 다른 구체적인 상황과 적용을 표현해 낼 수 있는 한 편의 설교를 완성합니다. 저도 원고의 모든 부분을 다 설교하지 않습니다. 충분히 이해만 하였다면, 여러분의 손에 들린 가위로 마음대로 재단(裁斷)할 수 있습니다. 재단(裁斷)은 독자 여러분의 몫입니다.

이 책이 이전의 책들에 비하여 조금은 이해하는 데 수고스럽겠지만, 이 수고를 통해 더 충실한 이해와 증거를 얻게 될 것입니다. 그리고 이 충실한 이해의 토대 위에서 필요한 단락들을 취사선택할 수 있게 될 것입니다. 이렇게 이용하여 새로운 여러분의 글을 가지기를 바랍니다.

요한복음 (KATA IΩANNHN 카타 요안넨)

요한에 따라서(의해서) 기록된 복음서

요한복음의 헬라어 제목은 KATA IΩANNHN(카타 요안넨)입니다. 전치사 κατά(카타)에는 여러 의미 가운데 '~에 따라서'라는 의미가 있습니다. 그러므로 요한복음은 '요한에 따라서 기록된 복음서'입니다. 요한의 관점과 시각, 의도와 목적으로 구성되어 기록된 복음서입니다. 사복음서인 마태복음과 마가복음 그리고 누가복음의 제목도 헬라어 전치사 κατά(카타)를 사용하고 있습니다.

마태복음은 KATA MAΘΘAION(카타 맛싸이온), 마가복음은 KATA MAPKON(카타 마르콘), 누가복음은 KATA ΛOYKAN(카타 루칸)으로 제목을 표현하고 있습니다. 마태복음 역시 '마태에 따라서 기록된 복음서'입니다. 마가복음은 '마가에 따라서 기록된 복음서'이며 누가복음은 '누가에 따라서 기록된 복음서'입니다. 사복음서 모두 각각 저자의 관점과 시각, 의도와 목적으로 구성되고 기록된 복음서입니다. 물론 성령께서 사복음서 저자의 관점과 시각을 인도하셨습니다.

이런 전제를 가지고 복음서를 대하는 것은 중요합니다. 사복음서를 보면, 병행되는 말씀을 각기 다른 모습으로 기록하고 있는 것을 볼 수 있습니다. 이것을 차이라고도 말하고, 다른 부분이라고도 말합니다. 그러나 각 저자의 관점과 시각을 보여주는 부분이라고 보면 그 차이가 어떻게 나타나게 되었는지 살펴볼 수 있을 것입니다. 이것을 다양성과 통일성이라는 표현으로 설명할 수 있습니다. 저자의 다양성은 성경의 통일성 안에서 해결되리라 생각됩니다. 다양성을 어우르는 통일성을 만날 수 있을 것입니다.

먼저, 마태복음에서는 마태를 따라가야(κατὰ τὸν Μαθθαῖον-카타 톤 맛싸이온) 합니다. 마가복음에서는 마가를, 그리고 누가복음과 요한복음에서는 각각 누가와 요한을 따라가야 합니다. 이것은 다양성입니다. 그러나 그들이 복음서를 기록한 의도와 목적은 '하나님의 아들 예수 그리스도'와 '천국의 복음'으로서, 다르지 않을 것입니다. 이것은 통일성입니다. 다양성을 따라가야 통일성을 확인하고 만날 수 있습니다. 다양성을 따르지 않고 통일성을 추구하려는 것은 순서의 문제가 아닐까 생각됩니다. 요한복음을 요한을 따라서 "상고"(ἀνακρίνω-아나크리노)하며 나아가면, 요한의 기록 목적(요 20:30~31)을 발견할 수 있습니다. 요한복음, 요한에 따라 기록된 본문의 한 말씀 한 말씀들을 따라가는 것이 먼저입니다.

임마누엘 עִמָּנוּאֵל

שָׁלוֹם 샬롬, εἰρήνη 에이래내, 화평

요한복음의 메시지 중 하나는 임마누엘(עִמָּנוּאֵל)입니다. 예수님께는 "예수", Ἰησοῦς(예수스)와 "임마누엘", עִמָּנוּאֵל(임마누엘)의 두 이름이 있습니다. Ἰησοῦς(예수스), "예수"는 마태복음 1장 21절, "그가 자기 백성을 그들의 죄에서 구원할 자"에서 "구원", 히브리어 יְשׁוּעָה(예수아, 구원)를 헬라어로 음역한 이름입니다. 구약의 예언의 이름 עִמָּנוּאֵל(임마누엘), Ἐμμανουήλ(엠마누엘)은 μεθ' ἡμῶν ὁ θεός(멧 해몬 호 쎄오스), 'God with us'입니다.

"임마누엘"과 "예수", 예수님의 두 이름을 어떤 관계로 보아야 할까요? 두 이름은 달라 보이지만, 같은 의미를 나타내는 하나의 이름입니다. 임마누엘은 예수이고, 예수는 임마누엘입니다. 하나님의 백성을 죄에서 구원(יְשׁוּעָה-예수아, 예수)하기 위해서 임마누엘 하신 것입니다. 임마누엘을 통하여 죄를 구원해주시는 것입니다. 한편으로는 하나님의 백성을 죄에서 구원하신 결과가 임마누엘입니다. 구원, 죄 사함을 받은 하나님의 백성은 하나님과 함께, 임마누엘 하는 것입니다.

요한복음을 보면, 예수님께서는 끊임없이 ἐν ἐμοὶ(엔 에모이), ἐν αὐτῷ(엔 아우토)라는 표현을 말씀하십니다. ἐν ἐμοὶ(엔 에모이), "내 안에", 곧 하나님께서 예수님 안에 거하신다는 말씀입니다. ἐν αὐτῷ(엔 아우토), "그-하나님 안에", 곧 예수님께서 하나님 안에 거하신다는 말씀입니다. 하나님께서 예수님 안에 계시고, 예수님께서 하나님 안에 거하시는 임마누엘을 끊임없이 말씀하십니다.

> "나와 아버지는 하나이니라…그러면 너희가 아버지께서 내 안에 계시고 내가 아버지 안에 있음을 깨달아 알리라"(요한복음 10장 30절, 38절)

한편으로 예수님께서 이 두 표현을 우리에게 주실 때는 우리가 예수님 안에 거하고 예수님께서 우리 안에 거하신다는 것을 말씀하심입니다. 이런 배경에서 17장 24절 말씀을 주셨습니다.

> "아버지여 내게 주신 자도 나 있는 곳에 나와 함께 있어 아버지께서 창세 전부터 나를 사랑하시므로 내게 주신 나의 영광을 그들로 보게 하시기를 원하옵나이다"

예수님께서는 "내게 주신 자도", 하나님의 백성, 우리 모두가 예수님께서 임마누엘 하셨듯이, 하나님께 임마누엘 하기를, 함께하기를, 하나님과 하나 되기를 소원하셨습니다. 임마누엘은 하나님과 하나님의 백성이 하나 되는 것입니다. 하나님과 하나님의 백성의 '하나 됨'을 말씀하는 대표적인 말씀은 에베소서 2장 11~15절입니다.

> "이제는 전에 멀리 있던 너희가 그리스도 예수 안에서 그리스도의 피로 가까워졌느니라 그는 우리의 화평이신지라 둘로 하나를 만드사 원수 된 것 곧 중간에 막힌 담을 자기 육체로 허시고 법조문으로 된 계명의 율법을 폐하셨으니 이는 이 둘로 자기 안에서 한 새 사람을 지어 화평하게 하시고"(에베소서 2장 13~15절)

친히 임마누엘 하신 예수 그리스도께서 사람을 하나님께 임마누엘 하게 하시려고 멀리 있던 우리를 하나님께 가깝게 하셨고, 중간에 막힌 담을 허셔서 하나를 만드셨습니다. 우리를 하나님과 가깝게 하셨고, 우리를 하나님과 하나가 되도록, 하나님께서 우리 안에, 우리가 하나님 안에 거하도록 하셨습니다. 주님의 이름, 하나님의 소원이신 임마누엘을 주님께서 이루셨습니다. 이것을 화평, εἰρήνη(에이래내)라고 합니다.

예수님께서 화평, εἰρήνη(에이래내)를 이루셨습니다. 하나님의 백성(죄인)을 하나님께 화평케 하셨습니다. 임마누엘 하도록 하셨습니다. 그리고 우리에게 세상과 이웃을 하나님께 화평케 하는 자가 되라고 명령하셨습니다. 세상을 하나님께 임마누엘 하게 하는 자가 되라고 명령하셨습니다. 세례자 요한은 세상과 사람들을 하나님께 화평케, 임마누엘 하게 하는 사명을 "죄 사함을 얻게 하는 회개의 세례"를 통하여 감당했습니다(눅 3:3). 예수님의 말씀대로 세상에 온 엘리야, 세례자 요한이 엘리야의 사명을 감당했습니다.

"보라 여호와의 크고 두려운 날이 이르기 전에 내가 선지자 엘리야를 너희에게 보내리니 그가 아버지의 마음을 자녀에게로 돌이키게 하고 자녀들의 마음을 그들의 아버지에게로 돌이키게 하리라…."(말라기 4장 5~6절)

임마누엘, 화평을 이루신 예수님. 화평, 임마누엘의 사명을 감당한 세례자 요한입니다. 오늘 우리에게도 화평, 임마누엘의 사명을 감당하라고 말씀하십니다. 주님을 본받는 삶, 신앙은 임마누엘, 화평을 이루는 삶입니다. 내가, 그리고 세상과 이웃을 하나님 안에 거하게 하는, 하나님께서 그들 안에 거하게 하시는 "화평케 하는 자"의 사명을 감당하는 성도가 되어야 할 것입니다.

"화평하게 하는 자는 복이 있나니 그들이 하나님의 아들이라 일컬음을 받을 것임이요"(마태복음 5장 9절)

구약의 임마누엘과 신약의 화평은 하나로 연결됩니다. שָׁלוֹם(샬롬, 평화)은 하나님과의 임마누엘을 통해 얻는 평화입니다. 세상에서의, 사람들 사이의 평화가 아니라, 하나님과의 관계로서의 평화를 말씀합니다. 이 샬롬의 평화가 있어야 세상과 사람의 평화가 가능합니다. 샬롬(שָׁלוֹם) 없이, 하나님과의 평화 없이 세상의 평화를 추구하는 사람들의 헛수고를 우리는 잘 알고 있습니다. 하나님과 하나 되는 임마누엘의 샬롬은 신약이 말씀하는 화평, εἰρήνη(에이래내)를 말합니다. 여기서 구약의 שָׁלוֹם(샬롬)과 예수님께서 제자들에게 빌어주신

εἰρήνη(에이래내), 화평이 하나로 연결됩니다(요 20:19, 26).

하나님과 임마누엘의 샬롬, 화평하신 예수님께서 우리를 하나님께 임마누엘의 샬롬, 화평한 성도로 세워주셨습니다. 그리고 이제 세상과 이웃을 하나님께 임마누엘의 샬롬, 화평하게 하는 사명을 주셨습니다. 이 사명을 감당하여 하나님의 자녀라 일컬음 받는, 하나님의 기업을 얻는 복된 성도가 되어야 할 것입니다(마 5:9).

하나님과 함께

πρὸς τὸν θεόν 프로스 톤 쎄온

"태초에 말씀이 계시니라 이 말씀이 하나님과 함께 계셨으니 이 말씀은 곧 하나님이시니라 그가 태초에 하나님과 함께 계셨고"(요한복음 1장 1~2절)

"하나님과 함께" 하는 것은 어떤 모습일까요? 우리가 어떤 모습, 어떤 사세를 취하면 하나님과 함께할 수 있을까요? '임마누엘을 어떤 모습으로 이룰 수 있을 것인가?' 하는 물음입니다.

1절과 2절의 "하나님과 함께 계셨고"는 πρὸς τὸν θεόν(프로스 톤 쎄온)입니다. 여기서 '함께 계시다'를 의미하는 원문의 표현은 전치사 πρός(프로스)입니다. πρός(프로스)는 두 가지 상반된 의미를 가지고 있습니다. 하나는 '~을 향하여, toward, with'이고, 다른 하나는 '~에 반대하여, against'입니다. 하나님과 함께 있는 성도의 신앙, 하나님과 함께하는 성도의 신앙은 당연히 '~을 향하여', 곧 '하나님을 향하는 신앙'이어야 합니다.

그런데 조금만 생각해 보면, '~을 향하여'와 '~에 반대하여'는 결코 다른 두 개의 의미가 아니라는 것을 발견할 수 있습니다. 이 두 의미는 보다 더 정확한 전치사 πρός(프로스)의 의미를 설명해 주는 입체적인, 양면으로서의 두 의미입니다. 사람에게는 하나의 얼굴과 하나의 등이 있습니다. 하나는 앞에 있고, 다른 하나는 뒤에 있습니다. 그러나 이 둘은 서로 별개가 아닙니다. 앞과 뒤를 이루어 온전한 한 몸을 이루고 있습니다. 얼굴이 향하는 쪽을 등은 등지게 됩니다. 그래서 무엇인가를 향한다는 의미가 더욱 선명해집니다.

우리의 신앙도 마찬가지입니다. 정말 하나님을 믿는 것은 πρὸς τὸν θεόν(프로스 톤 쎄온), 하나님을 향하는, toward-with God이어야 합니다. 또한 동시에 그러하기에 πρὸς τὸν κόσμον(프로스 톤 코스몬), 세상을 등지는, against the world입니다. 이 두 모습이 '성도'라는 한 존재 안에 함께해야 합니다. 마치 한 사람에게 얼굴과 등이 함께하듯 말입니다. 하나님을 향하면서, 세상도 함께 향하는 그런 신앙은 있을 수 없습니다. 두 주인을 향할 수 없습니다. 두 주인을 섬길 수 없습니다.

하나님을 향한 신앙, πρὸς τὸν θεόν(프로스 톤 쎄온)은 반드시, 궁극적으로는 πρὸς τὸν κόσμον(프로스 톤 코스몬), 세상을 등지는 모습을 동반하게 될 것입니다. 세상을 등지지 않고는 하나님을 향할 수 없고, 하나님과 함께할 수 없습니다. 사랑해야 할 세상이지만, 본받지 말고 빠지지 말아야 할 세상입니다. 이 세상을 향하여 등을 져야 하나님을 향할 수 있습니다. 세상을 향하지(등지지) 않고는 하나님을 향할 수 없습니다.

하나님을 향하고 있습니까? 세상을 등졌는지도 보아야 합니다. 세상을 등지고 있습니까? 하나님을 향하고 있는지 보아야 합니다.

이 두 모습으로 온전한 신앙을, 온전히 하나님을 향하는 신앙을 이룰 수 있습니다.

신앙의 행함, 행하는 신앙

행하다

ποιέω 포이에오, 만들다, make

"그 사람들이 예수께서 행하신 이 표적을 보고 말하되 이는 참으로 세상에 오실 그 선지자라 하더라"(요한복음 6장 14절)

"너희가 내 이름으로 무엇을 구하든지 내가 행하리니 이는 아버지로 하여금 아들로 말미암아 영광을 받으시게 하려 함이라 내 이름으로 무엇이든지 내게 구하면 내가 행하리라"(요한복음 14장 13~14절)

신앙은 지식의 차원만이 아닙니다. 행함이 함께하는 신앙이어야 합니다. 야고보서가 이러한 지식과 행함의 관계를 말씀해줍니다. 누구는 지식과 행함을 나누어 행하는 일을 불필요한 것으로, 더 나아가 오히려 해로운(?) 것으로 여기기도 했습니다. 지식과 행함을 서로 다른 두 개의 존재로 보았기 때문입니다. 그러나 지식과 행함은 두 개가 아닙니다. 하나 안에 포함된 두 개의 존재로서 하나를 이루고 있습니다. 성경이 말씀하는 지식 안에는 행함이 함께 들어 있습니다. 또한 온전한 행함 안에는 온전한 지식이 함께 들어 있습니다.

잘 행하기 위해서는 잘 알아야 하고, 잘 알기 위해서는 잘 행해야 합니다. 하나님을 기쁘시게 하는 우리 신앙의 목표는 이와 같이 지식과 행함, 둘, 아니 온전한 하나의 지식, 온전한 하나의 행함입니다.

성경은 신앙의 행함, 행하는 신앙을 말씀할 때, '행하다'는 것을 여러 가지 원어로 표현합니다. '걷다', '따르다', '지키다'를 의미하는 표현들로 나타냅니다. 말씀을 따라 걷는 것, 말씀을 따르는 것, 말씀을 지키는 것이 행하는 신앙입니다. 행하는 신앙을 나타낼 때 사용되는 또 하나의 표현이 ποιέω(포이에오)입니다. 위 두 본문에서 표현된 "행하신"과 "행하더라"의 원문 표현이 ποιέω(포이에오)입니다. ποιέω(포이에오)는 '만들다', '만들어내다', 'make'를 의미하는 동사입니다. 직역을 한다면, '말씀을 만드는 것', '말씀을 만들어내는 것'이 믿음이요, 믿음의 행함입니다.

그렇다면 말씀을 만드는 것, 말씀을 만들어내는 것은 무슨 의미일까요? 하나님의 말씀 안에는 생명과 하나님의 세계, 하나님의 뜻이 담겨 있습니다. 이것을 말씀 안에서 만드는 것, 만들어내는 것, 곧 세상으로 실상이 되고 증거가 되게 만들어내는 것을 말합니다. 이것이 믿음의 행함, 곧 믿음입니다(히 11:1). 하나님의 말씀 안에 있는 생명과 은혜와 평강을 내 삶에 그리고 세상에 만들어내는 것이 말씀을 행하는 믿음입니다.

"믿음은 바라는 것들의 실상이요 보이지 않는 것들의 증거니"(히브리서 11장 1절)

이 믿음, 믿음의 행함은 “바라는 것들”, 곧 아직 내게 또는 세상에 만들어지지 않은 하나님의 생명과 약속, 하나님의 세계와 뜻을 “실상”으로 만들어냅니다. 하나님의 말씀 안에 있었던 생명과 약속을 만들어내 내게 그리고 세상에 나타나게, 실상이 되게 하는 것입니다. 이것이 행함, 말씀을 ποιέω(포이에오), 만들어내는 것입니다. 동일합니다. 믿음의 행함은 하나님의 말씀 안에 담겨 있어서 아직 내게 나타나지 않았기에 보이지 않는 것, 그러나 하나님의 말씀 안에 담겨 있는 것을 내게 또는 세상에 만들어내어서 보이게, 증거가 되게 합니다. 하나님의 말씀 안에 담긴 생명과 하나님의 뜻이 “실상”과 “증거”가 되는 것은 행함의 믿음, 만들어내는 믿음을 통해서입니다.

예를 들면, 하나님의 말씀 안에는 화평의 명령, 화평의 세계가 들어 있습니다. 이 화평을 만들어내는 것이 믿음이고 행함입니다. 그래서 예수님께서는 성도에게, 하나님의 백성에게 화평을 만들라고 명령하셨습니다.

> “화평하게 하는 자는 복이 있나니 그들이 하나님의 아들이라 일컬음을 받을 것임이요”(마태복음 5장 9절)

“화평하게 하는 자”, 하나님의 말씀 안에 담겨 있는 하나님의 뜻, 하나님의 세계, 하나님의 생명인 “화평”을 만들어내는 자, ποιέω(포이에오) 하는 자, 곧 εἰρηνοποιοί(에이래노포이오이), “화평하게 하는 자”가 되라고 말씀합니다.

성도는 하나님의 말씀을 믿는 자입니다. 믿기에 지식만이 아니라 온전한 지식, 행함까지 나아가는 자입니다. 그래서 하나님의 말씀을 만들어내는 자(ποιός-포이오스, 기본형, ποιέω-포이에오)가 되어 하나님의 말씀을 내 안에 만들어내어서 내가 경험하고, 이웃과 세상에게도 만들어내어서 하나님의 말씀을 그들에게 보여주어, 하나님의 말씀의 "실상"과 "증거"를 증언하는 성도가 되어야 합니다. 말씀을 만들어내는 믿음을 푯대로 삼고 나아가는 복된 성도가 되기를 기도합니다.

안티기독교

ἀντίχριστος 안티크리스토스

Χριστός(크리스토스)는 "그리스도"를 의미하는 고유명사입니다. 문법적으로는 동사 χρίω(크리오)의 분사형, 수동태이기도 합니다. 동사 χρίω(크리오)는 '기름을 붓다', 'anoint'를 의미합니다. 그러므로 Χριστός(크리스토스)는 '기름 부어진', '기름 부음 받은 분', 곧 그리스도를 의미합니다.

ἀντί(안티)는 'against'의 의미를 지니고 있습니다. 그러므로 ἀντίχριστος(안티크리스토스)는 'against Christ'를 의미합니다. 그리스도를 반대하는 것이 ἀντίχριστος(안티크리스토스)입니다. 안티기독교라고도 합니다. 기독(基督)은 Χριστός(크리스토스)의 한자 음역입니다. 그러므로 안티기독교는 '반기독교'라고 할 수 있습니다.

그러나 ἀντί(안티)에는 'against', '반(反)'과 비슷하지만 훨씬 더 강한 또 하나의 의미가 들어 있습니다. '대체', '대체하다'입니다. 안티기독교, ἀντίχριστος(안티크리스토스), 반기독교는 단지 기독교를, 예수 그리스도를 반대(反對)하는 것만이 아닙니다. 이 정도로 알았다면, 저들의 술수를 다 파악하지 못하는 것으로서, 지혜롭고 적절한 대처를 하지 못합니다. ἀντίχριστος(안티크리스토스), 안티기독교의 목적은 단순한 반대를 넘어 그리스도를 대체하는 것입니다. 이런 것을 "적그리스도"라고 합니다. 그리스도의 자리에 앉고자 하는 적그리스도가 ἀντίχριστος(안티크리스토스)의 실체입니다. 그러기에 정확하게 분별하여 단호하게 끊어야 합니다.

그러나 우리가 알지 못하는 ἀντίχριστος(안티크리스토스), 적그리스도, 안티기독교가 있습니다. 이것도 조심해야 합니다. 오히려 이것에는 소홀할 때가 많습니다. 인식하지 못하기 때문입니다. '무섭고 강력한 적은 내부에 있다'는 말과 같이, 이것을 더 조심해야 합니다. 늘 경계해야 합니다. 이는 우리에게서 예수님의 자리를 빼앗아가는 것, 예수님의 자리를 우리가 그것에게 내어놓는 것입니다. 무엇이 우리에게서 예수님의 자리를 빼앗아갈까요? 우리는 어떤 것에 예수님께 드려야 할 자리를, 예수님께 드린 자리를 내어놓을까요?

물질, 명예, 잘못된 가르침이라고 적그리스도, ἀντίχριστος(안티크리스토스)의 실례를 짚어서 이야기할 수도 있습니다. 그러나 이렇게 되면, 혹시나 이것들만 보고 그 외에 있는 것들에는 또 소홀해질 수도 있다는 생각이 듭니다. 그래서 조금은 추상적이지만, 실례가 아니라 그 개념으로 적그리스도, ἀντίχριστος(안티크리스토스)의 대상을 파악하는 것이 바람직하다고 생각됩니다. 곧 그것이 무엇이든, 그가 누구이든 예수님께서 앉으셔야 할 자리를 내게서 빼앗아가는 것, 혹은 내가 예수님께만 드려야 할 자리를 내어주는 것이 있다면 그것이 바로 우리가 소홀하기 쉬운 적그리스도입니다.

나의 삶의 모습을, 짧지만 한번 되돌아보세요. 나는 무엇을 향하고 있는지, 내 마음에는 어떤 생각들이 들어 있는지, 나는 시간을 어떤 것들로 사용하고 있는지, 내가 좋아하는 것, 하고 싶어 하는 것은 무엇인지 말입니다. 이렇게 그것을 내 안에서 끄집어내어서 솔직하고 정직하게 바라보아야 합니다.

내 중심을 하나님 앞에, 그리고 내 앞에도 펼쳐놓아야 합니다. 그래야 내가 어떤 삶을 살고 있는지, 하나님을 기쁘시게 하는 삶을 살고 있는지, 믿는다 하면서도 그리스도께 합하지 못한 삶을 살았는지를 볼 수 있습니다. 어렵겠지만, 나를 보아야 내가 가야 할 신앙의 목표로 나아갈 수 있습니다. 내 안에 있는 ἀντίχριστος(안티크리스토스), 적그리스도까지 걸러내 순금으로 세워지는 성도가 되기를 기도합니다.

랍비, 선생이신 예수님

ῥαββί, ὃ λέγεται μεθερμηνευόμενον διδάσκαλε 랍비, 호 레게타이 메쎌매뉴오메논 디다스칼레

"예수께서 돌이켜 그 따르는 것을 보시고 물어 이르시되 무엇을 구하느냐 이르되 랍비여 어디 계시오니이까 하니 (랍비는 번역하면 선생이라)"(요한복음 1장 38절)

성경을 보면, 제자들이 주님을 부르는 두 가지 호칭을 볼 수 있습니다. 하나는 "주님"이고, 다른 하나는 "선생님"입니다. 예수님을 "주님"으로 부르는 것은 신앙의 고백으로서 믿음 있는 자의 고백이라고 말합니다. 반면에 예수님을 "선생님"으로 부르는 것은 믿음 없는 자의 호칭이라고 말합니다. 유다는 예수님을 "선생님"으로 불렀습니다. 믿음이 없었기에 예수님을 삼 년이나 따라다녔지만, 결국 예수님을 은 삼십에 팔아넘기는 자가 되고 말았습니다. 그래서 "선생님"이라는 호칭에는 부정적인 어감이 들어 있는 것이 사실입니다.

그러나 반드시 그런 것만은 아닙니다. 요한복음 13장 14절입니다.

"내가 주와 또는 선생이 되어 너희 발을 씻었으니 너희도 서로 발을 씻

어 주는 것이 옳으니라"

예수님께서 친히 "선생"이라고 표현하셨습니다. 제자들에게서 "선생님"으로 불리시기를 기뻐하셨음을 볼 수 있습니다. "선생"을 뜻하는 ῥαββί(랍비)는 히브리어 형용사 רַב(라브)에서 유래된 명사를 헬라어로 음역한 표현입니다. 히브리어 형용사 רַב(라브)는 '위대한', '큰', 'great'의 의미를 지니고 있습니다. 그래서 이 표현은 '존경받는 지위에 있는 사람이나 관리'를 의미하기도 합니다. 여기서 "선생"이라는 의미를 지니게 되었습니다.

"…(랍비는 번역하면 선생이라)"(요한복음 1장 38절)

"랍비"는 "선생"입니다. 헬라어로 "선생"은 διδάσκαλος(디다스칼로스)입니다. 그래서 요한복음 1장 38절의 원문은 ῥαββί, ὃ λέγεται μεθερμηνευόμενον διδάσκαλε(랍비, 호 레게타이 메쎌매뉴오메논 디다스칼레)라고 말씀하고 있습니다. ῥαββί(랍비)와 διδάσκαλος(디다스칼로스)는 동일한 의미의 표현입니다.

예수님께서 "선생", "랍비"로 불리시기를 기뻐하셨던 이유는 "선생"의 본질에서 찾아볼 수 있습니다. 그 본질은 '가르침'입니다. 예수님께서는 가르치시기를 기뻐하셨습니다. 소원하셨습니다. 예수님의 이러한 소원을 우리는 예수님의 3대 사역 가운데서 찾아볼 수 있습니다.

"예수께서 온 갈릴리에 두루 다니사 그들의 회당에서 가르치시며…."
(마태복음 4장 23절)

예수님께서는 그들의 회당에서 가르치시는 것을 원하셨고 좋아하셨습니다. 예수님, 선생님의 본질은 행위로는 '가르침'이고 내용으로는 '교훈', 곧 διδαχή(디다캐)입니다. διδαχή(디다캐)는 '가르침', '교훈'을 의미합니다. 그러나 세상의 가르침이나 교훈이 아니라 하나님의 비밀, 곧 하나님의 뜻을 의미합니다. 예수님께서는 διδαχή(디다캐, 교훈)를 통해 하나님의 비밀과 뜻, 하나님의 나라를 선포하신 선생님이십니다. 예수님께서는 산상수훈, 하나님의 비밀과 뜻의 διδαχή(디다캐, 교훈)를 가르치시며 그 목적을 이렇게 말씀하셨습니다.

"내가 율법이나 선지자를 폐하러 온 줄로 생각하지 말라 폐하러 온 것이 아니요 완전하게 하려 함이라"(마태복음 5장 17절)

예수님께서는 διδαχή(디다캐, 교훈)를 통해 하나님의 율법을 완전하게 하고자 하셨습니다. διδαχή(디다캐, 교훈)는 초대교회의 중요한 전통이었습니다. 물론 예수님의 διδαχή(디다캐)가 왜곡되어서 사람의 교훈으로 변질되기도 했습니다. 그러나 διδαχή(디다캐, 교훈)의 원래 의미는 이런 의미이며, 이 의미를 회복할 때 우리 신앙의 중요한 전통이 되어, 바른 신앙의 토대와 방향을 제공해줄 수 있습니다. 성도의 신앙은 하나님의 뜻과 계획 위에서, 그리고 하나님의 뜻과 계획을 향하여 나아가는 것이기 때문입니다.

예수님께서 διδαχή(디다캐, 교훈), '가르침', '가르치심'을 얼마나 귀하게 여기셨는지 요한복음 7장을 통해 살펴볼 수 있습니다. 예수님께서는 유대에서 다니지 않으시고, 갈릴리에서 다니셨습니다. 유대인들이 죽이려 했기 때문입니다(1절). 그래서 제자들에게는 유대로 올라가라고 하셨지만, 예수님께서는 올라가지 않겠다고 하셨습니다(8절). 그런데 은밀히 올라가셨습니다(10절). 은밀히 올라가신 예수님께서 행하신 행동을 보면, 결코 은밀히 올라가신 것이 아닌 듯합니다. 작심하시고 올라가셨습니다. 성전에서 많은 사람들을 가르치셨습니다(14절). 그러다 예수님께서 발각(?)되셨습니다(25절). 아니 예수님의 가르침을 받은 사람들은 이미 그분이 예수님이신 줄 알고 있었습니다.

저들이 예수님을 잡으려고 합니다(30절). 발각되셨으니 이제 빨리 피하셔야 합니다. 그런데 예수님께서는 피하신 것이 아니라, 오히려 "명절 끝날 곧 큰 날에", 사람이 많이 모이는 큰 날에 모든 사람들 앞에 서서 선포하셨습니다(37절). 은밀히 가신 분이 만천하에 자신을 드러내셨습니다. 예수님께서는 은밀히, 조용히 예루살렘에 다녀오려고 하셨을지 모릅니다. 그러나 가르치지 않고는 견딜 수 없는, 견디지 못하는 마음이 주님께 있으셨기에 자신을 드러내셔서 가르치시고 선포하셨습니다. 예레미야도 마찬가지입니다. 죽음의 위협과 공포 속에서 다시는 하나님의 말씀을 선포하지 않겠다고 다짐, 결심했으면서도 하나님의 말씀을 선포하지 않고는 견딜 수 없었기에 또다시 죽음의 위협 앞으로 나아가 사람들 앞에 섰습니다. 하나님의 말씀을 선포했습니다.

διδαχή(디다캐, 교훈), '가르침', '가르치심'이 무엇이기에 예수님께서는 목숨도 아끼지 않으시고, 예수님을 죽이려고 하는 자들 앞에 자신의 모습을 드러내셨을까요? 부족한 우리가 예수님의 διδαχή(디다캐, 교훈)를 다 헤아릴 수는 없지만, 예수님께서 굉장히 귀하게, 중요하게 여기신 것만큼은 틀림없습니다. 그러니 목숨을 거시면서까지 가르치셨던 것입니다. 아니 목숨보다 더 귀하고 중요하게 여기신 것이 분명합니다. διδαχή(디다캐, 교훈)를 목숨보다 더 귀하게 여기신 주님의 모습을 볼 수 있습니다.

하나님의 뜻과 하나님의 나라를 가르쳐주고자 하신 주님의 마음을 볼 수 있습니다. 가르쳐주셔야 알고, 알아야 하나님께 온전한 믿음으로 나아오기에, 그래야 온전한 하나님의 백성으로 살아갈 수 있기에 주님께서 목숨도 아끼지 않으시고 가르치신 것입니다. 하나님의 뜻과 하나님의 나라, 하나님의 말씀을 바로 알고, 이 진리를 목숨보다도 더 귀하게, 목숨도 아끼지 않고 전할 수 있는 신앙까지 이를 수 있기를 바랍니다. 그 신앙의 자리에서 내려다보게 될, 지금 여기서는 상상할 수 없는 그 신앙의 신비를 경험하여 충만한 기쁨과 평안을 소유하는 성도가 되기를 바랍니다. 이 기쁨과 평안으로 하나님의 나라와 하나님의 뜻을 목숨보다 더 귀하게 여기며, 목숨도 아끼지 않고 신앙하며 사명을 감당할 수 있기를 바랍니다.

예수님께 διδαχή(디다캐, 교훈)와 그 행위, '가르치심'은 이렇게 귀하고 중요한 사명이었습니다. 예수님께서 유대 종교지도자들에게서 재판받으실 때, 저들이 예수님을 재판하는 고소의 이유도 바로 예수님의 διδαχή(디다캐)였습니다.

"대제사장이 예수에게 그의 제자들과 그의 교훈에 대하여 물으니"(요한복음 18장 19절)

대제사장들은 "예수님의 교훈에 대하여", περὶ τῆς διδαχῆς αὐτοῦ(페리 태스 디다캐스 아우투), 예수님의 διδαχή(디다캐, 교훈)를 재판의 구실로 삼았습니다. 저들은 예수님의 교훈(διδαχή-디다캐)을 거부하였지만, 성도는 예수님의 교훈(διδαχή-디다캐), 하나님의 뜻과 계획을 환영하며 영접해야 합니다. 예수님을 "영접하는 자, 곧 그 이름을 믿는 자"는 바로 예수님의 διδαχή(디다캐)를 영접하고 믿는 것이기도 합니다. 이때 "하나님의 자녀가 되는 권세"를 얻게 됩니다.

예수님께서는 선생님, 랍비이셨습니다. 그러나 사람에게도 사용되는 그런 선생과 랍비가 아니라, 오직 한 분, 유일하신 선생님이시며 랍비이셨습니다. 그래서 오직 예수님께서만 하나님의 뜻을 계시해주셨고, 가르쳐주셨습니다. "영생은 유일하신 참 하나님과 그가 보내신 자 예수 그리스도를 아는 것이니이다"라는 요한복음 17장 3절 말씀과 같이 영생의 비밀을 가르쳐주신, διδαχή(디다캐, 교훈)로 주신 예수님은 유일하신 선생님이시며, 랍비이십니다. 우리는 이러한 유일하신 선생님, 랍비이신 예수님을 "주님", κύριος(퀴리오스)라고 고백합니다.

"예수께서 이 말씀을 마치시매 무리들이 그의 가르치심에 놀라니 이는 그 가르치시는 것이 권위 있는 자와 같고 그들의 서기관들과 같지 아니함일러라"(마태복음 7장 28~29절)

사람들을 놀라게 하는 예수님의 권위와 영광은 예수님의 "말씀"(τοὺς λόγους-투스 로구스, 말씀들, 곧 διδαχή-디다캐, 교훈)과 "가르치심"(διδάσκων-디다스콘, 기본형, διδάσκω-디다스코, 가르치다)에 있습니다. 예수님께 영광을 돌리고, 예수님을 기쁘시게 하는 신앙은 예수님께서 가르치신 말씀(διδαχή-디다캐, 교훈)을 따르는 것입니다. 유일하신 선생님, 랍비이신 예수님을 통해 유일하신 참 하나님과 그분이 보내신 자 예수 그리스도를 알고, 이를 통해 영생을 얻는 복된 성도가 되기를, 그렇게 예수님을 주님, κύριος(퀴리오스)로 고백하는 복된 성도로 나아가기를 기도합니다.

예배

예배하다, 경배하다

προσκυνέω 프로스퀴네오

"여자가 이르되 주여 내가 보니 선지자로소이다 우리 조상들은 이 산에서 예배하였는데 당신들의 말은 예배할 곳이 예루살렘에 있다 하더이다 예수께서 이르시되 여자여 내 말을 믿으라 이 산에서도 말고 예루살렘에서도 말고 너희가 아버지께 예배할 때가 이르리라 너희는 알지 못하는 것을 예배하고 우리는 아는 것을 예배하노니 이는 구원이 유대인에게서 남이라 아버지께 참되게 예배하는 자들은 영과 진리로 예배할 때가 오나니 곧 이 때라 아버지께서는 자기에게 이렇게 예배하는 자들을 찾으시느니라 하나님은 영이시니 예배하는 자가 영과 진리로 예배할지니라"(요한복음 4장 19~24절)

본문의 '예배하다'를 의미하는 헬라어 단어 προσκυνέω(프로스퀴네오)는 '고개를 숙이다', '몸을 굽히다'는 기본적인 의미를 가지고 있습니다. '왜 고개를 숙이는지', '왜 몸을 굽히는지'를 알아야 합니다. 이 단어는 상대에게 입을 맞추기 위해 고개를 숙이는 행위를 의미하기도 합니다. 고개를 숙여 상대에게 입을 맞추는 행위는 그에게 경의를 표하는 것입니다. 상대에게 몸을 굽히는 것 역시 그를 경배하는, 예배하는 마음을 행동, 행위로 표현하는 것입니다. 이렇게 προσκυνέω(프로스퀴네오)에는 '경배하다', '예배하다'는 의미가 들어 있습니다.

고개를 숙이고, 몸을 숙이는 것이 경배와 예배의 의미를 가지는 본문을 우리는 살펴볼 수 있습니다. 먼저, 아기 예수님께 경배하러(예배드리러) 온 동방박사들을 통해 볼 수 있습니다.

> "유대인의 왕으로 나신 이가 어디 계시냐 우리가 동방에서 그의 별을 보고 그에게 경배하러 왔노라…집에 들어가 아기와 그의 어머니 마리아가 함께 있는 것을 보고 엎드려 아기께 경배하고 보배합을 열어 황금과 유향과 몰약을 예물로 드리니라"(마태복음 2장 2절, 11절)

동방박사들이 아기 예수님께 드리는 경배(2절)는 엎드려 드리는 경배(11절)입니다. 여기서 엎드림과 경배(예배)의 의미를 살펴볼 수 있습니다. 이러한 관계는 사십 일을 금식하신 예수님을 시험하는 사탄의 표현을 통해서도 살펴볼 수 있습니다.

> "마귀가 또 그를 데리고 지극히 높은 산으로 가서 천하 만국과 그 영광을 보여 이르되 만일 내게 엎드려 경배하면 이 모든 것을 네게 주리라 이에 예수께서 말씀하시되 사탄아 물러가라 기록되었으되 주 너의 하나님께 경배하고 다만 그를 섬기라 하였느니라"(마태복음 4장 8~10절)

마귀는 자신에게 엎드려 경배하라고(9절) 제안했습니다. 엎드려 자신을 예배하라는 제안입니다. 여기서 엎드림과 경배(예배)의 관계를 볼 수 있습니다. 물론 성도가 엎드려 경배하고 예배드릴 분은 예수님의 말씀처럼, 오직 한 분 하나님이십니다. 엎드림과 예배의 관계는 세례자 요한을 통해서도 볼 수 있습니다.

> "…나보다 능력이 많으신 이가 오시나니 나는 그의 신발끈을 풀기도 감당하지 못하겠노라…."(누가복음 3장 16절)

세례자 요한은 자신을 예수님의 신발끈을 푸는 것조차도 감당하지 못하는 존재라고 고백합니다. 신발끈을 풀기 위해서는 그 앞에 무릎을 꿇고 고개를 숙이고, 몸을 굽혀야 합니다. 주인의 신발을 담당한 노예들의 모습을 생각해보면 알 수 있습니다. 요한은 자신을 예수님의 종으로 여겼습니다. 그래서 신발끈을 푸는 것조차도 감당할 수 없다고, 예수님 앞에 엎드려야만 하는, 예수님을 경배하고 예배해야만 하는 존재라고 고백하였습니다.

> "예수께서 그들이 그 사람을 쫓아냈다 하는 말을 들으셨더니 그를 만나사 이르시되 네가 인자를 믿느냐 대답하여 이르되 주여 그가 누구시오니이까 내가 믿고자 하나이다 예수께서 이르시되 네가 그를 보았거니와 지금 너와 말하는 자가 그이니라 이르되 주여 내가 믿나이다 하고 절하는지라"(요한복음 9장 35~38절)

예수님께서 날 때부터 맹인 된 자를 고쳐주셨습니다. 그는 바리새인들 앞에서도 예수님을 시인하고 증거하였습니다. 인자를 믿고자 했던 그는 예수님께서 인자이심을 알고는 "주여 내가 믿나이다"라고 고백하며 절하였습니다. 그의 "절"은 "주여 내가 믿나이다"는 믿음의 고백의 행동입니다. 예수 그리스도께 절한 것은 예수 그리스도께 드린 예배입니다. 시편 95편을 통해서도 몸을 굽히는 것이 예배임을 살펴볼 수 있습니다.

> "오라 우리가 굽혀 경배하며 우리를 지으신 여호와 앞에 무릎을 꿇자"
> (시편 95편 6절)

위에서 살펴보았듯이, "절"과 "예배"는 다른 말이 아닙니다. 그가 예수님께 올렸던 절 역시 원문으로는 '경배하다', '예배하다'를 의미하는 προσεκύνησεν(프로스퀴내센, 기본형, προσκυνέω-프로스퀴네오)입니다.

예수 그리스도께 우리가 드려야 할 예배 안에는 자유함이 있다고 합니다. 물론 주님께 드리는 예배는 자유함입니다. 그러나 한편으로는 고개를 숙이고 몸을 굽혀 그분의 신발끈을 풀어야 하는, 이것조차도 감당할 수 없는 '복종'이 함께해야 합니다. 예배 안에는 자유와 복종이라는 모순이 함께해야 합니다. 자유와 복종, 이 모순을 어떻게 이해해야 할까요?

예배는 자유입니다. 진리로 자유하게 하는, 세상의 모든 것으로부터 그 속박을 풀어내는 자유함을 은혜로 선물해줍니다. 이처럼 세상 모든 것으로부터는, 세상의 속박과 육신의 일들로부터는 자유하게 하지만, 우리를 자유하게 하시는 예수 그리스도께는 예배를 통하여 온전하게 복종해야 합니다. 우리의 자유함의 대상이 무엇인지, 우리가 복종해야 할 분이 누구인지 대상을 혼동해서는 안 됩니다. 예배의 자유가 예수 그리스도께로부터 자유가 아니라, 예수 그리스도께 온전한 복종, 속박을 통한 세상으로부터 자유임을 잊지 말아야 합니다. 자유를 주신 예수 그리스도께 복종하고 속박당하는 것이 경배, 예배입니다. 이 예배 안에 온전한, 참 자유가 있습니다.

이제는 자유함의 예배만을 말하고 생각하는 우리가 속박과 복종의 예배를 함께 기억해야 할 때입니다. 예수 그리스도께 속박되지 않는 예배와 자유는 참된 예배가 아닙니다. 나의 자유를 위해 드리는 예배는 참된 예배가 아닙니다. 예수 그리스도께 온전히 복종하기 위해 우리는 예배를 드립니다. 이때 자유를 선물로 얻게 됩니다. 우리에게 자유를 주신 예수 그리스도께 더욱 다가가는 것과 더욱 사모하는 것, 그것이 예수님 앞에 무릎을 꿇는 것이며 머리와 몸을 숙이는 것, 경배하고 예배하는 것입니다. 예수 그리스도께 속박되어, 예수 그리스도를 나의 독재자(δεσπότης-데스포태스)로 섬기는 신앙까지 나아가야 합니다. δεσπότης(데스포태스)에는 'slave owner'의 의미가 있습니다. slave, 예수 그리스도의 온전한 종이 되기 위한 예배와 owner, 예수 그리스도만 나의 주인으로 모시는 예배로 나아가야 합니다.

예수님의 양식

"그 사이에 제자들이 청하여 이르되 랍비여 잡수소서 이르시되 내게는 너희가 알지 못하는 먹을 양식이 있느니라 제자들이 서로 말하되 누가 잡수실 것을 갖다 드렸는가 하니 예수께서 이르시되 나의 양식은 나를 보내신 이의 뜻을 행하며 그의 일을 온전히 이루는 이것이니라"

(요한복음 4장 31~34절)

예수님께서 유대를 떠나 갈릴리로 가시다가 사마리아에 있는 수가라 하는 동네에 이르셨습니다. 때가 여섯 시가 되었습니다(요한복음의 시간은 로마 시간과 일치하며, 오늘날 우리가 사용하는 시간과도 일치합니다.). 제자들은 먹을 것을 사러 그 동네에 들어갔습니다. 예수님께서는 우물곁에 앉으셨고, 그 사이 사마리아 여인과 대화를 나누셨습니다. 그리고 사마리아 여인을 하나님의 백성, 하나님의 딸로 세우셨습니다. 여인은 그 귀한 물동이를 버려두고, 저녁을 포기하고서 마을로 들어갔습니다. 그 사이 제자들이 먹을 것을 사서 예수님께 왔습니다. 제자들은 예수님께 식사를 청했습니다. 식사를 청하는 제자들에게 예수님께서 말씀하셨습니다.

"이르시되 내게는 너희가 알지 못하는 먹을 양식이 있느니라"(32절)

제자들이 알지 못하는, 우리가 알지 못하는 양식이 주님께는 있습니다. 예수님의 양식입니다. 육신의 양식보다 더 긴급하고 더 간절했던 주님의 양식이 있었습니다.

"예수께서 이르시되 나의 양식은 나를 보내신 이의 뜻을 행하며 그의 일을 온전히 이루는 이것이니라"(34절)

예수님을 보내신 하나님의 뜻을 행하며, 하나님의 일을 이루는 것, 온전히 이루는 것이 예수님의 양식입니다. 양식, 하나님의 뜻을 말씀하신 예수님께서 주제를 "추수"로 연결하셨습니다.

"너희는 넉 달이 지나야 추수할 때가 이르겠다 하지 아니하느냐 그러나 나는 너희에게 이르노니 너희 눈을 들어 밭을 보라 희어져 추수하게 되었도다…내가 너희로 노력하지 아니한 것을 거두러 보내었노니 다른 사람들은 노력하였고 너희는 그들이 노력한 것에 참여하였느니라"(35~38절)

예수님의 양식은 하나님의 뜻을 온전히 이루는 것입니다. 하나님의 뜻을 온전히 이루는 것은 "추수", 하나님의 사람을 세우는 것입니다. 이것이 예수님의 양식입니다. 예수님을 기쁘게 하고, 예수님께서 힘이 나게 하고, 그 수고와 고난도 기꺼이 감당할 수 있게 하는 이유(양식)입니다. 사도 바울도 자신의 최고의 기쁨을 "사랑하고 사모하는 형제", "사랑하는 자들"이라고 고백했습니다(빌 4:1). 하나님의 사람을 세우는 것, 이 신앙의 추수가 자신이 가장 기뻐하는 것이며, 자신의 면류관, 자신이 가장 영광스러워하는 것이라고 고백합니다.

예수님의 양식은 하나님의 뜻을 온전히 이루는 것이고, 이것은 신앙의 추수입니다. 요한복음 6장 39절도 예수님을 보내신 하나님의 뜻을 이루는, 하나님의 사람을 세우는 신앙의 추수가 예수님의 양식이라고 말씀합니다.

> "나를 보내신 이의 뜻은 내게 주신 자 중에 내가 하나도 잃어버리지 아니하고 마지막 날에 다시 살리는 이것이니라"

아버지 하나님께서 주신 세상과 사람을 하나님의 백성으로 세우시는 것, 하나도 잃어버리지 않고 세우시는 것(ἀναστήσω-아나스태소, 기본형, ἀνίστημι-아니스태미, 일으키다, 부활하다, "다시 살리는 것"), 부활의 주인공으로 세우시는 것을 가장 기뻐하셨고 가장 영광스러워하셨습니다. 그 무엇보다 먼저 행하셨습니다. 하나님의 뜻을 행하는 것, 하나님의 사람을 세우는 신앙의 추수가 오늘 우리의 가장 소중하고, 가장 긴급한 것, 양식이 되어야 합니다.

세상의 추수는 열매를 거두는 것이지만, 신앙의 추수는 열매를 이루기까지의 숨겨진 수고의 시간들입니다. 그래서 시편 126편 기자는 '눈물을 흘리며 씨를 뿌려야 한다'고, '울며 씨를 뿌리러 나가야 한다'고 말씀합니다. 신앙의 추수는 눈물이기 때문입니다. 세상의 추수가 영광이라면, 신앙의 추수는 헌신과 충성, 봉사의 시간들입니다. 이 시간들을 통하여 주님께서 풍성한 수확을 얻으시도록, 잃은 양을 찾으시도록 하는 것이 신앙의 추수입니다. 이 추수가 성도의 사명이고, 성도의 양식입니다.

성령의 이끄심

만일 나[예수님]를 보내신 아버지[하나님]께서 그를 이끌지 아니하시면

ἐὰν μὴ ὁ πατὴρ ὁ πέμψας με ἑλκύσῃ αὐτόν 에안 매 호 파태르 호 펨프사스 메 헬퀴새 아우톤

"나를 보내신 아버지께서 이끌지 아니하시면 아무도 내게 올 수 없으니 오는 그를 내가 마지막 날에 다시 살리리라"(요한복음 6장 44절)

아버지 하나님께서 이끌어주셔야 예수 그리스도께 갈 수 있습니다. 예수 그리스도께서 이끌어주셔야 하나님께 갈 수 있습니다. 물론 우리는 예수 그리스도께, 성령께 이끌려야 합니다. 어느 누구도 스스로 갈 수 없습니다. "모든 사람이 죄를 범하였으매 하나님의 영광에 이르지 못하더니"(롬 3:23) 죄인이 아니신 예수 그리스도께서만 죄인을 하나님의 영광, 하나님께로 이끄실 수 있습니다. 예수 그리스도의 이끄심(인도하심)을 받아야 합니다. 내 생각이나 내 마음, 세상의 풍조가 우리를 세상의 길, 사망의 길로 이끌지 못하도록 해야 합니다. 세상 풍조에 이끌리지 말아야 합니다. 누구에게 이끌리고 있는지, 무엇에 이끌리고 있는지 늘 되돌아보아야 합니다.

'이끌림 받는다'는 것은 어떤 의미, 어떤 모양일까요? '끌다', '당기다'를 의미하는 ἕλκω(헬코)는 특별히 '내적인 영향력'으로 사람을 끌어당기는 것, 혹은 '내적인 영향력'에 의해서 이끌림 받는 것을 의미합니다. '내적인 영향력'이란 내적으로 감화와 감동을 받는 것을 말합니다. 감화와 감동을 받은 내적인 영혼은 감동받은 바로 이끌림 받게 됩니다. 특별히 이 단어는 LXX(칠십인역) 구약에서 "저항할 수 없는 강한 힘으로 하나님께로 끌어당겨지는 것"을 가리키기도 합니다. 감화와 감동받은 영혼이 하나님께로 나아가는 것을 '이끌림 받는 것'으로 표현한 것입니다.

성도를 하나님께로, 예수 그리스도께로 인도하는 분은 성령입니다. 성령께서 성도를 내적인 영향력으로 하나님께로 이끄십니다. 성령께서 성도에게 전해주시는 내적인 영향력이란 성령께서 우리에게 주시는 감동과 감화입니다. 감동과 감화를 주실 때, 인도함, 이끌림을 받아야 합니다. 그렇다면, 성령께서 성도를 감화, 감동시키는 것은 어떤 모양일까요? 성령의 내적인 영향력이란 어떤 모양일까요?

> "보혜사 곧 아버지께서 내 이름으로 보내실 성령 그가 너희에게 모든 것을 가르치고 내가 너희에게 말한 모든 것을 생각나게 하리라…그러나 진리의 성령이 오시면 그가 너희를 모든 진리 가운데로 인도하시리니"(요한복음 14장 26절, 16장 13절)

성령께서 하나님의 말씀과 진리, 은혜와 생명을 성도에게 가르쳐주시고 생각나게 하십니다. 성령께서 역사하시는 "가르침"과 "생각나게 하심"을 통하여 성도는 하나님의 말씀과 진리를 깨닫고 의식(기억)하게 됩니다. 하나님의 말씀, 곧 하나님을 의식(생각, 기억)하는 것만도 큰 복입니다. 바쁘고 분주한 삶 속에서 하나님을, 말씀과 그 은혜와 사랑을 잊고 살 때가 얼마나 많습니까? 내 안에 하나님의 말씀과 진리가 없어서, 아니 내가 하나님의 말씀과 진리를 자각하고 의식하지 못해서 하나님의 길을 걷고자 하는 소원과 소망이 있음에도, 오히려 내 뜻과 생각대로 이끌림 받았던 적이 얼마나 많이 있습니까? 이 부끄러운 현실을 고민해본 성도라면, 하나님을 의식하고 기억하는 것이 얼마나 큰 복인지 알 것입니다.

하나님을 의식하고 모시는 것은 큰 복입니다. 하나님과 임마누엘하는 것이기 때문입니다. 하나님과 임마누엘 한 성도는 하나님의 말씀과 진리 앞에 서게 됩니다. 하나님의 말씀과 진리가 그를 감화, 감동시킬 것입니다. 성령의 역사, 성령의 내적인 영향력으로 하나님께 감화, 감동받은 성도는 길을 바꿔 하나님을 향하게 됩니다. 하나님께서 나를 감동시키신 바, 그것에로 이끌림 받게 됩니다. 하나님을 모신, 하나님과 임마누엘 한 성도의 생각과 판단, 그리고 걸음의 방향은 이전과는 달라집니다. 세상과 육신을 향하던 걸음이 하나님의 말씀, 곧 생명과 진리를 향하여 걷게 됩니다. 이끌림 받게 됩니다. 성령께서는 성도가 삶의 순간순간마다 하나님을 자각하고 의식하게 합니다. 그래서 하나님께 이끌림 받도록 합니다. 이것이 성령의 사역 가운데 하나입니다.

성도를 하나님께로 이끄시는 성령의 인도함을 받기 위해서 우리가 할 수 있는 것은 사모함과 간절함밖에는 없습니다. 우리가 "가르침"과 "생각나게 하심"의 주체가 될 수 없기 때문입니다. 우리가 나를, 또한 누구를 가르칠 수 없고, 생각나게 할 수 없습니다. 성령께서 행하시는 이 귀한 역사에 붙들려 가르침 받고, 생각나게 되기를 사모하고 간절히 구하는 길만이 우리가 할 수 있는 전부입니다. 그러나 우리의 사모함과 간절함은 결코 작지 않습니다. 스파크(spark)이기 때문입니다. 작은 불꽃은 큰 불을 불러옵니다. 우리의 사모함과 간절함은 작은 것이지만, 성령의 큰 불을 모시는 신앙의 스파크입니다. 성령의 감화 감동을 통하여 하나님께 이끌림 받게 하기에 사실은 작은 것이 아닙니다. 전부라 말할 수 없지만, 성도에게는 전부입니다.

사모함과 간절함으로 성령의 인도하심을 받아 하나님을 모시는 성도가 되어, 지금까지 나를 이끈 나와 세상 그리고 육신의 일에서 돌아서고 하나님께서 이끄시는 길과 방향으로 이끌림 받는, 신앙하는 복된 성도가 되기를 기도합니다.

너도 갈릴리에서 왔느냐?

(갈릴리의) 나사렛 예수님

μὴ καὶ σὺ ἐκ τῆς Γαλιλαίας εἶ; 매 카이 쉬 에크 태스 갈릴라이아스 에이?

"그들이 대답하여 이르되 너도 갈릴리에서 왔느냐 찾아 보라 갈릴리에서는 선지자가 나지 못하느니라 하였더라"(요한복음 7장 52절)

예수님께서는 "나사렛 예수"로 불리셨습니다(마 2:23, 행 2:22, 3:6). 나사렛은 예수님의 부모 요셉과 마리아의 고향이며 예수님께서 자라신 곳입니다. 나사렛은 갈릴리의 남부에 위치한 동네입니다. 그래서 성경에서는 때때로 갈릴리라는 표현에 나사렛의 의미를 담아 표현하기도 합니다. 본문에서 바리새인들이 갈릴리에서는 선지자, 곧 메시아가 날 수 없다고 주장하는 것은 나사렛을 의미하는 것으로 나사렛에서는 메시아가 날 수 없다는 말입니다.

왜 갈릴리의 나사렛에서는 메시아가 날 수 없다고 주장할까요? 성경에서 갈릴리는 "이방의 갈릴리"(사 9:1, 마 4:15), 곧 이방 땅으로 불립니다. 이방 땅에서 메시아가 날 수 없다는 것입니다. 유대인들은 메시아가 될 분이 가져야 할 두 가지 조건이 있다고 믿었습니다. 요한복음 7장 42절입니다. "성경에 이르기를 그리스도는 다윗의 씨로 또 다윗이 살던 마을 베들레헴에서 나오리라 하지 아니하였느냐 하며" 메시아는 "다윗의 씨", 다윗의 후손이어야 하고, 다윗이 살던 베들레헴에서 나셔야 한다고 믿었습니다. 그런데 예수님은 "나사렛 예수", 갈릴리의 나사렛 예수이셨으니 결코 메시아가 될 수 없다는 것입니다.

그런데 한 가지, 너무나 이해가 되지 않고 이상한 일이 있습니다. 우리가 너무나 잘 알듯이 예수님께서는 다윗의 후손이십니다. 그리고 베들레헴에서 탄생하셨습니다. 유대인들이 메시아의 조건으로 꼽는 두 가지를 모두 가지고 계신 분입니다. 그런데 왜 예수님께서는 베들레헴의 다윗의 자손 예수님이 아니라, 나사렛 예수님으로 불리셨을까요? 왜 그렇게 불리기를 원하셨을까요? 그 갈릴리의 나사렛 예수라는 표현 때문에 그렇게 심한 반대와 핍박을 받으셨는데 왜 예수님께서는 사실은 베들레헴에서 탄생하신 다윗의 후손 메시아라고 밝히지 않으셨을까요?

우리 같으면 적극 해명하고 오해를 바로잡았을 것입니다. 돈을 들여서 방송에 광고를 내서라도 적극 해명했을 것입니다. 그러나 예수님께서는 이 결정적인 사실을 알리지 않으셨습니다. 이 사실을 알리고 설득하면 저들의 반대와 정죄를 잠재울 수도 있었을 텐데 예수님께서는 그렇게 하지 않으셨습니다.

그렇게 하신, 알리지 않으신 예수님의 마음은 무엇일까요? 왜 밝히지 않으셨을까요? 예수님께서는 철저하게 하나님의 뜻, 성경에 따라 행하신 분입니다. 누가복음 4장 16절 이하를 보면, 회당을 찾으신 예수님께서 성경 두루마리를 펼치셔서 낭독하십니다.

"주의 성령이 내게 임하셨으니 이는 가난한 자에게 복음을 전하게 하시려고 내게 기름을 부으시고 나를 보내사 포로 된 자에게 자유를, 눈 먼 자에게 다시 보게 함을 전파하며 눌린 자를 자유롭게 하고 주의 은혜의 해를 전파하게 하려 하심이라"(18~19절)

가난한 자와 눈 먼 자, 눌린 자에게 복음을 증거하고자 하신 것이 바로 예수님의 마음입니다. 마태복음 4장 15~16절 말씀과 같이 스불론 땅과 납달리 땅과 요단 강 저편 해변 길과 이방의 갈릴리, 곧 흑암에 앉은 백성에게 사망의 땅과 그늘에 앉은 자들에게 하나님의 구원의 빛을 비추어주시는 것이 예수님의 마음이었습니다. 그래서 예수님께서는 베들레헴의 다윗의 자손 메시아 예수님이셨음에도 낮고 가난한 나사렛 예수님으로 부르라고 요구하셨고, 그렇게 불리고 싶어 하셨습니다.

예수님께서 베들레헴의 다윗의 자손 메시아이셨으면, 오늘 저와 여러분 우리는 하나님의 구원의 복음을 들을 수 없었을 것입니다. 높은 자에게 전파된 복음은 낮은 자에게까지는 오지 않습니다. 높은 자들 그들만의 종교가 되어버리고 말았을 것입니다. 높다고 하는 자들은 낮다고 여기는 자들과 함께하지 않기 때문입니다. 예수님께서는 먼저 낮고 천한 이방의 갈릴리에서 복음을 증거하셨습니다. 그리고 예루살렘에서 복음을 증거하셨습니다.

복음이 가난한 자들, 낮은 자들에게 전파되었기에 높다고 하는 자들에게까지도 전파될 수 있었습니다. 예수님께서 베들레헴의 예수님이 아니라 나사렛 예수님으로 불리기를 원하신 뜻이 여기에 있습니다. 하나님께서는 모든 사람이 구원을 받기를 원하시는 분임을 아셨기에, 세상 모든 사람들에게 구원의 복음을 차별 없이 전하기 위해서는 베들레헴의 예수님이시지만, 갈릴리의 나사렛 예수님이 되셔야 했습니다. 나사렛 예수님만이 세상 모든 사람들에게 하나님의 구원의 문을 차별 없이 열어주실 수 있습니다.

예수님의 사랑에는 두 가지 모습이 있습니다. 하나는 죄인을 구속하기 위하셔서 십자가를 지신 예수님의 사랑의 내용입니다. 예수님의 또 하나의 위대한 사랑은 예수님의 사랑의 범위에 있습니다. 차별 없는 우주적인 사랑을 베풀어주셨습니다. 세리와 죄인, 병자와 여인, 어린아이의 친구가 되어주셨습니다. 누구든지 하나님의 뜻대로 행하기만 하면 가족으로 받아주셨습니다(마 12:50). 가난하고 소외받은 자들에게 베들레헴의 다윗의 자손 예수는 너무나 높은 장벽이었을 것입니다.

예수님께서 하늘 영광의 보좌를 버리시고 낮고 천한 이 땅에 오셨습니다. 예수님의 탄생이 낮아지심의 역사였습니다. 낮아지심으로 오신 예수님께서 이 땅에서 낮아지심의 사명을 실천하신 것은 당연합니다. 예수님께서는 베들레헴의 다윗의 자손 메시아가 아니라, 낮고 천한 갈릴리 나사렛의 메시아 예수님이시기를 기뻐하셨습니다. 주님의 낮아짐의 사랑이 있었기에 예수 그리스도의 구원의 은혜가 낮고 천한 우리에게도 이를 수 있었고, 함께할 수 있었습니다.

세상 모든 사람의 구원을 계획하신 하나님의 뜻, 아버지의 거룩한 뜻을 온전히 이루시기 위하여 나사렛 예수님으로 낮아지신 예수님을 기억하며, 우리도 우리에게 향하신 하나님의 뜻과 계획을 온전히 이루는 신앙의 삶을 살아가는 성도가 되기 위하여 달려가야 할 것입니다. 나사렛 예수님! 나를 위하여 낮아지신 예수님의 사랑과 은혜를 선포하는, 나사렛 예수 앞에 나아가는, 낮아짐의 삶을 본받는 복된 성도가 되기를 기도합니다.

와서 보라

오라 그러면 볼 것이다

ἔρχεσθε καὶ ὄψεσθε 엘케스쎄 카이 옵세스쎄

"또 이튿날 요한이 자기 제자 중 두 사람과 함께 섰다가 예수께서 거니심을 보고 말하되 보라 하나님의 어린 양이로다 두 제자가 그의 말을 듣고 예수를 따르거늘 예수께서 돌이켜 그 따르는 것을 보시고 물어 이르시되 무엇을 구하느냐 이르되 랍비여 어디 계시오니이까 하니 (랍비는 번역하면 선생이라) 예수께서 이르시되 와서 보라 그러므로 그들이 가서 계신 데를 보고 그 날 함께 거하니 때가 열 시쯤 되었더라 요한의 말을 듣고 예수를 따르는 두 사람 중의 하나는 시몬 베드로의 형제 안드레라 그가 먼저 자기의 형제 시몬을 찾아 말하되 우리가 메시야를 만났다 하고 (메시야는 번역하면 그리스도라) 데리고 예수께로 오니 예수께서 보시고 이르시되 네가 요한의 아들 시몬이니 장차 게바라 하리라 하시니라 (게바는 번역하면 베드로라) 이튿날 예수께서 갈릴리로 나가려 하시다가 빌립을 만나 이르시되 나를 따르라 하시니 빌립은 안드레와 베드로와 한 동네 벳새다 사람이라 빌립이 나다나엘을 찾아 이르되 모세가 율법에 기록하였고 여러 선지자가 기록한 그이를 우리가 만났으니 요셉의 아들 나사렛 예수니라 나다나엘이 이르되 나사렛

에서 무슨 선한 것이 날 수 있느냐 빌립이 이르되 와서 보라 하니라 예수께서 나다나엘이 자기에게 오는 것을 보시고 그를 가리켜 이르시되 보라 이는 참으로 이스라엘 사람이라 그 속에 간사한 것이 없도다 나다나엘이 이르되 어떻게 나를 아시나이까 예수께서 대답하여 이르시되 빌립이 너를 부르기 전에 네가 무화과나무 아래에 있을 때에 보았노라 나다나엘이 대답하되 랍비여 당신은 하나님의 아들이시요 당신은 이스라엘의 임금이로소이다 예수께서 대답하여 이르시되 내가 너를 무화과나무 아래에서 보았다 하므로 믿느냐 이보다 더 큰 일을 보리라 또 이르시되 진실로 진실로 너희에게 이르노니 하늘이 열리고 하나님의 사자들이 인자 위에 오르락 내리락 하는 것을 보리라 하시니라"(요한복음 1장 35~51절)

1장 29절에서, 세례자 요한은 무리들과 제자들에게 예수님을 "세상 죄를 지고 가는 하나님의 어린 양"으로 증언합니다. 세례자 요한의 증언은 형식적이거나 거짓되지 않습니다. 자신의 두 제자를 예수님께 보낸 것을 보아 그가 예수님을 하나님의 어린 양으로 굳게 믿고 있음을 알 수 있습니다. 그리스도의 길을 준비하기 위하여 보냄 받은 요한이 이제는 그리스도 예수의 사람, 제자가 되어야 할 그들을 보내는 것은 당연했습니다. 요한의 두 제자는 스승의 증언을 듣고 예수님을 따라갑니다. 예수님께서 따르는 두 제자에게 말씀하셨습니다. 38절의, "무엇을 구하느냐?"(τί ζητεῖτε; 티 재테이테), '너희는 무엇을 구하느냐?' '무엇을 요구하느냐, 바라느냐, 기대하느냐?'는 주님의 물음입니다.

요한의 증언을 듣고 많은 기대를 품고 주님을 따르는 두 제자에게 예수님께서 말씀하셨습니다. 39절, "와서 보라"는 말씀은 많은 기대와 소망을 가지고 좇아오는 제자들에게 주신 답변으로는 너무나 간단합니다. 그러나 주님께서 주신 말씀이니 간단한 말씀은 아닐 것입니다. 간단하게 말씀하신 것입니다. "와서 보라"는 주님의 말씀, ἔρχεσθε καὶ ὄψεσθε(엘케스쎄 카이 옵세스쎄), ἔρχεσθε(엘케스쎄, 기본형, ἔρχομαι-엘코마이)는 현재형 동사로서 현재명령형의 의미를 지니고 있습니다. 여기에 미래형 동사 ὄψεσθε(옵세스쎄, 기본형, ὁράω-호라오)가 연결되었습니다. 그러므로 주님의 말씀은 '오라. 그러면 볼 것이다.'로 해석할 수 있습니다.

주님께서는 "와서 보라"는 말씀으로 신앙의 커다란 두 단계, 두 과정을 말씀하셨습니다. 예수님을 좇는 두 제자는 많은 생각과 마음, 기대와 소망을 품고 있습니다. 오늘 우리가 그렇습니다. 그러나 신앙은 생각과 상상이 아닙니다. 실재입니다. 예수님의 말씀, "오라"와 같이 먼저, 예수님께 가야 합니다. 이것이 믿음의 출발입니다. '예수님을 믿습니다'의 헬라어 표현, πιστεύω εἰς τὸν Ἰησοῦν(피스튜오 에이스 톤 예순)의 εἰς τὸν Ἰησοῦν(에이스 톤 예순)처럼, '예수님 안으로 들어가는 것', '예수님께 가는 것'이 믿음입니다.

요한복음 12장 26절, "사람이 나를 섬기려면 나를 따르라 나 있는 곳에 나를 섬기는 자도 거기 있으리니 사람이 나를 섬기면 내 아버지께서 그를 귀히 여기시리라." 성도는 예수님께서 계신 "거기"로 나아가야 합니다. 성도의 자리는 '여기'이고 주님의 자리는 "거기"입니다. '여기'에서 "거기"로 나아가는 것, 바로 이것이 주님 안으로 들어가는 것, 믿음입니다. 그리고 우리의 자리 '여기'는 더 이상, 언제까지나 '여기'가 되어서는 안 됩니다. 성도는 '여기'에서 "거기"로 나아가 "거기"가 우리의, 메시아 되신 예수 그리스도를 사랑하는 모든 성도의 '여기'가 되어야 합니다. 이것이 믿음을 이룰 수 있는 하나의 단계입니다. 그래야 믿음의 또 하나의 단계로 나아갈 수 있습니다. 예수님께 가야 예수님께서 말씀하시고, 약속하신 대로 보여주시는 것과 들려주시는 것을 보고 들을 수 있습니다. 체험을 하는 것입니다.

예수님께서 따르는 두 제자에게 주신 이 말씀은 주님을 따르는 모든 성도에게, 바로 오늘 우리에게 주시는 말씀입니다. 신앙은 마음과 생각, 머리로만 예수님을 그리는 것이 아닙니다. 참된 신앙, 성숙한 신앙은 예수님께 가서 예수님께서 보여주시는 것을 보고 들을 때 세워집니다. 주님과 함께할 때, 감동받고 은혜받을 수 있습니다. 우리의 가슴은 뜨거워질 것입니다. 이 뜨거운 가슴을 신앙의 열정과 에너지로 삼아 복음대로, 복음을 위하여 살아가는 것이 신앙입니다.

예수님께 간 사람들은 예수님의 말씀처럼 보았습니다. 그들이 본 것이 무엇인지 구체적으로는 표현되어 있지 않습니다. 그러나 41절, 안드레의 "우리가 메시야를 만났다"는 고백으로 보아 예수님의 메시아 되심을 듣고 보고 체험하였던 것이 분명합니다. 이 체험이 있었기에 예수님을 "랍비"(38절, 선생, 유대인의 랍비 정도)라 불렀던 안드레는 예수님을 메시아로 고백하게 되었습니다(41절).

안드레의 변화는 모든 신앙인이 거쳐야만 하는 변화입니다. 안드레의 고백과 같이 예수님은 선생, 랍비가 아닙니다. 그러므로 예수님께 선생의 대우를 해드려서는 안 됩니다. 예수님의 말씀을 선생의 교훈 정도로 받아들이는, 선생의 대우를 해드려서는 안 됩니다. 안드레의 고백과 같이 예수님은 메시아이십니다. 성도는 예수님을 메시아로 모시고 영접해야 합니다. 예수님의 말씀은 메시아의 말씀, 곧 명령입니다. 물론 우리를 억제하고 강압하는 명령이 아니라, 죄인을 살리는 생명의 길의 명령입니다. 그러기에 예수님의 명령은 사실은 오히려 간청, 요청입니다. 예수님의 간청을 교훈과 훈계 정도가 아니라 간절한 요청으로 받아들이는 신앙의 성도가 되어야 합니다. 이것이 '주님은 나의 왕'이라는 고백입니다.

교훈은 좋은 것이기에 따르면 좋고, 따르지 않아도 그저 그렇습니다. 교훈과 훈계는 사정과 형편을 고려하게 됩니다. 그러나 명령은 다릅니다. 그대로 따라야 살고, 그렇지 않으면 죽습니다. "와서 보라"는 예수님의 명령도 마찬가지입니다. 오면 볼 수 있고, 그래서 믿을 수 있습니다. 그러나 명령에 복종하지 않으면, 오지 않으면 볼 수 없고, 그래서 믿을 수 없거나 연약한 믿음의 자리에 머물러 있고 맙니다. 안타깝게도 왜곡되고 맙니다.

본문의 표현은 명령형으로 기록하고 있습니다. "와서", ἔρχεσθε(엘케스쎄)는 현재형을 명령형으로 사용하는 현재형 명령입니다. '오라'는 명령입니다. 이 명령을 따라야 "보라", ὄψεσθε(옵세스쎄), '볼 수 있습니다.' 명령을 따르지 않으면, 오지 않으면 볼 수 없습니다. 와야 볼 수 있지, 거기서는 볼 수 없는 것이 신앙입니다. 거기서 그리는 것은 온전한 신앙의 모습이 아닙니다. 주님의 말씀을 교훈과 훈계 정도로 여긴다면 주님께 나아가지 않을 것입니다. 주님의 말씀을 명령, 절대명령으로 영접해야 반드시 주님께 나아갈 것이고, 볼 것입니다.

41절을 보면, 메시아를 만난 감격과 감동으로 안드레는 자기의 형제 시몬을 찾아갑니다. 안드레는 시몬에게 예수님께서 메시아라고 증언하였습니다. 42절에서, 안드레는 증언하는 것에 그치지 않았습니다. 시몬을 예수님께 데리고 갔습니다. "와서 보라"는 주님의 명령에 순종하여 시몬을 주님께 오게 했습니다. 예수님께 간 시몬이 그의 형제 안드레와 같이 주님을 메시아로 고백하는 말씀은 나오지 않습니다. 적어도 요한복음 본문 중에서는 예수님께 나아간 베드로가 주님의 메시아 되심을 인정했는지는 알 수 없습니다(마 16:16과 눅 5:8을 참고하여 비교할 수 있습니다).

세 번째로 등장하는 인물은 빌립입니다. 빌립은 어떻게 예수님을 만나게 되었을까요? 43절, "이튿날 예수께서 갈릴리로 나가려 하시다가 빌립을 만나 이르시되 나를 따르라 하시니"라는 말씀처럼, 예수님께서 지나가시다가 우연히 빌립을 만나셔서 부르신 것일까요? 그렇지 않습니다. 빌립도 안드레가 전도했습니다. 41절을 보면, 안드레는 시몬을 전도하여 예수님께 인도합니다. 그날 그 둘은 예수님을 만나고 집으로 돌아왔습니다. 메시아를 만난 안드레가 집에 돌아와서 가만히 있을 리 없습니다. 예수님을 만난 감격과 은혜로 시몬을 찾아가 전도한 것으로 보아 안드레는 분명 자신의 집으로 돌아온 후, 동네 사람들과 친구들을 찾아다니며 메시아이신 예수님을 또 증언하였을 것입니다.

안드레의 전도가 시몬 한 사람만으로 그치지 않았음을 보여주는 말씀은 41절, "먼저"(πρῶτον-프로톤, first)입니다. 안드레는 먼저는(πρῶτον-프로톤) 시몬을 전도했습니다. 시몬을 전도한 다음에도 계속하여 전도했다는 말입니다. 안드레가 시몬 다음으로 전도한 사람, 안드레의 두 번째 전도대상자라고 말할 수 있는 사람이 바로 빌립입니다. 왜냐하면, 빌립은 44절 말씀과 같이 안드레와 "한 동네 벳새다 사람"이었기 때문입니다. 안드레가 시몬에게 예수님을 증언하고 데려간 다음에 동네로 돌아와서 동네 사람, 혹은 친구 빌립을 만나서 혹은 그를 찾아가서 그에게 예수님을 증언한 것입니다.

45절을 보면, 안드레의 전도를 받아 예수님을 만났던 빌립이 나다나엘에게 '내가 예수님을 만났다'라고 고백하지 않고, "우리가" 예수님을 만났다고 고백하고 있습니다. 자신을 예수님께로 인도한 안드레 그리고 시몬과 함께 그가 예수님을 만났음을, 그들과 함께 있었음을 알려주는 표현입니다. 성도의 입에서는 "우리"의 고백이 나와야 합니다. 예수님을 만난 기쁨과 감격은 나에게서 그치는 것이 아니라, "우리"에게로 전도되어야 합니다. 예수님, 메시아를 만난 안드레는 시몬과 빌립을 전도하여 "우리"로 나아갔습니다. 빌립 또한 나다나엘을 전도하여 "우리"(45절)로 나아갔습니다.

안드레의 전도를 받은 빌립은 예수님을 소망하고, 기대하게 되었습니다. 그때 예수님께서 빌립을 만나셨습니다. 빌립을 전도한 안드레가 예수님께 빌립을 만나달라고 청하여 예수님께서 빌립에게 가셨던 것입니다. 그랬기에 예수님께서 처음 만나는 빌립에게 "나를 따르라"고 말씀하셨을 때, 빌립이 단번에 예수님을 따라 나설 수 있었던 것입니다. 빌립은 이미 안드레를 통하여 예수님의 메시아 되심의 증언을 들었기 때문입니다. 빌립도 예수님께 갔습니다. 예수님께 간 빌립도 고백합니다. 45절, "빌립이 나다나엘을 찾아 이르되 모세가 율법에 기록하였고 여러 선지자가 기록한 그이를 우리가 만났으니 요셉의 아들 나사렛 예수니라." 예수님을 만나는 자, 그는 주님께서 메시아이심을 고백하게 됩니다. 오늘 우리에게 이 고백이 있는지를 살펴보면 우리가 주님을 만났는지, 만나고 있는지를 알 수 있습니다.

주님께서는 "와서 보라", '오라 그러면 볼 것이다'라고 명령하셨습니다. 그러나 빌립에게는 친히 찾아가주셨습니다. 주님께서는 때로는 오라고 하시지만, 때로는 우리 곁으로 와주시기도 하십니다. 주님께 힘써 가는, 그리고 힘써 기도하여 주님을 곁으로 모시는 성도가 되어야 합니다. 주님과 함께하는 성도가 되어야 볼 수 있고, 보아야 뜨거운 가슴으로 주님을 메시아로 고백할 수 있습니다. 중요한 것은 주님께서 내 곁에 계시는 것입니다. 주님께 갈 때는 가고, 주님을 모실 때는 모시는, 이렇게 늘 주님과 동행하여 주님을 보고 주님의 말씀을 들어 주님을 메시아로 고백하는 성도가 되어야 합니다.

네 번째 인물은 나다나엘입니다. 안드레에게 전도 받아 주님을 만난 빌립이 나다나엘을 전도합니다. 빌립은 나다나엘에게 자신이 만난 예수님을 증언합니다. 45절 말씀입니다. "빌립이 나다나엘을 찾아 이르되 모세가 율법에 기록하였고 여러 선지자가 기록한 그이를 우리가 만났으니 요셉의 아들 나사렛 예수니라" 빌립의 증언을 받은 나다나엘이 대답합니다. 46절, "나사렛에서 무슨 선한 것이 날 수 있느냐." 나다나엘은 나사렛에서는 "선한 것"이 날 수 없다고 생각했습니다. "선한 것" ἀγαθὸν(아가쏜, 기본형, ἀγαθός-아가쏘스), 성경에서 "선한", ἀγαθός(아가쏘스)라는 표현은 한 분 하나님을 의미합니다(눅 18:19). '하나님의 뜻'을 의미합니다. 나다나엘은 나사렛에서는 하나님께서 뜻하시고 계획하신 메시아가 날 수 없다고 말하였습니다.

그의 이런 대답으로 보아 나다나엘은 율법에 대하여 잘 알고 있었던 것으로 보입니다. 성경은 메시아께서 베들레헴에서 나오실 것으로 예언하고 있습니다(미 5:2). 그런 그에게 나사렛 예수를 전하는 빌립의 증언은 받아들일 수 없는 이야기였습니다. 어쩌면 자신의 귀를 씻어야 하는 이야기였을 것입니다. "나사렛 예수"란 표현은 이와 같이 율법을 아는 자들에게 거치는 것이었습니다. 사도행전 24장 5절, "우리가 보니 이 사람은 전염병 같은 자라 천하에 흩어진 유대인을 다 소요하게 하는 자요 나사렛 이단의 우두머리라." "나사렛"을 "이단"과 연결하고 있습니다. 나사렛과 메시아는 어울릴 수 없는 표현이었던 것입니다. 나다나엘에게도 그랬던 것입니다.

빌립은 나사렛 예수를 인정하지 않는 나다나엘에게 한 마디 설득도, 설명도 하지 않았습니다. 만일 설득하려고 이야기를 시작했다면 그것은 논쟁으로 이어졌을 것이고, 나다나엘이 예수님께 나아가는 일은 없었을 것입니다. 오히려 나다나엘이 빌립을 자신의 해박한 율법의 지식으로 설득하였을 것입니다. 그래서 빌립도 예수님께 가지 못하게 했을지도 모릅니다. 빌립은 나다나엘에게 한 마디만

던졌습니다. "와서 보라" 이 말씀, 선포는 예수님께서 사용하신 방법입니다. 빌립은 나다나엘에게 생각하지 말고 상상하지 말고 직접 와서 보라고 선포하였습니다. "나사렛"에 걸려 넘어지지 말고 직접 와서 메시아 예수님을 만나보라는 것입니다. 빌립은 나다나엘에게 담대하게 선포했습니다. 빌립이 이렇게 담대하고 확신에 차서 선포할 수 있었던 것은 자신이 예수님께 직접 가서 보고, 메시아이심을 깨달았던 경험, 체험 덕분입니다.

빌립이 나다나엘에게 선포한 "와서 보라"는 예수님께서 선포하신 "와서 보라"와는 다릅니다. 달라야 합니다. 다를 수밖에 없습니다. 예수님의 선포와 빌립의 선포가 어떻게 같을 수 있습니까? 예수님께서는 ἔρχεσθε καὶ ὄψεσθε(엘케스쎄 카이 옵세스쎄, 요 1:39)라고 선포하셨습니다. 빌립은 ἔρχου καὶ ἴδε(엘쿠 카이 이데, 요 1:46)라고 선포했습니다. 한글성경으로는 "와서 보라", 동일한 선포이지만, 헬라어 원문으로는 다른 표현입니다. 예수님의 선포를 따라하는 빌립의 선포가 동일하지만 다른 모양의 선포가 되어야 하는 것을 말씀해주는 표현입니다.

빌립의 선포, ἔρχου καὶ ἴδε(엘쿠 카이 이데)는 예수님께서 선포하신 ἔρχεσθε καὶ ὄψεσθε(엘케스쎄 카이 옵세스쎄, 요 1:39)와 다릅니다. 예수님께서는 '오라 그러면 볼 것이다.'라고 선포하셨지만, 빌립은 '오라 그리고 보라.'라고 선포하였습니다. 예수님께서는 '명령 그리고 미래형'으로 선포하셨지만, 빌립은 '명령 그리고 명령'으로 선포하였습니다. 예수님께서는 친히 보여주시는 것이니, '오라 그러면 볼 수 있을 것이다.'라는 의미로 선포하신 것입니다. 예수님께서 보여주시겠다는 말씀입니다. 그러나 빌립은 자신이 나다나엘에게 보여주는 것이 아닙니다. 나다나엘을 인도하는 것은 자신이지만, 나다나엘에게 보여주시는 분은 예수님이시기에 '와서 예수님을 보라, 예수님을 들으라.'는 의미로 선포한 것입니다. 오는 것도 보는 것도 나다나엘의 몫입니다.

빌립이 이와 같이 선포할 수 있었던 것은 그의 경험, 체험이 전제되었습니다. 나다나엘도 예수님께 가서 보면, 예수님께서 메시아 되심을 믿게 될 것을 알고 있기에 이와 같이 강하게 명령형으로 "오라"고, "보라"고 선포한 것입니다. 빌립이 나다나엘에게 선포한 "보라", ἴδε(이데)는 '보다'를 의미하는 εἶδον(에이돈)의 부정과거 명령형입니다. 이 명령형의 의미는 '단번에 보라.'는 것입니다. "나사렛"에 걸려 있지만, 무조건, 이유 여하를 막론하고 주님께 와보라는 빌립의 간절함이 묻어 있는 선포이며 강청입니다. 빌립의 선포에는 자신의 체험을 통한 확신이 담겨 있습니다. "와서 보라"는 빌립의 전도는 쉬운 것 같지만, 빌립과 같이 메시아 예수 그리스도를 만난 내적 고백, 신앙의 확신이 없다면 할 수 없는, 해서는 안 되는 전도의 길입니다.

빌립은 예수님의 선포를 따라하고 있지만, 결코 앵무새처럼 반복하여 따라하지는 않았습니다. 예수님의 명령에 순종한 빌립, 그 빌립이 예수님의 명령으로 체험한 고백을 담아 "와서 보라", ἔρχου καὶ ἴδε(엘쿠 카이 이데)라고 선포하였습니다. 우리의 신앙고백도 마찬가지입니다. 생명의 말씀이신 예수님의 말씀을 그대로 앵무새와 같이 따라하는 지식적인 고백이 아니라, 주님의 말씀에 순종하여 주님의 말씀이 선물해주시는 말씀의, 주님의 선포의 생명을 만나고 소유하여 이 감격과 기쁨을 담아 다시 체험의 고백으로 드려야 합니다. 빌립의 "와서 보라"(ἔρχου καὶ ἴδε-엘쿠 카이 이데)가 바로 이러한 체험의 고백입니다. 성도의 고백이 체험의 고백으로 주님께 드려지기를 기도합니다.

우리에게도 "와서 보라"고 선포할 수 있는 확신, 믿음이 있어야 합니다. 예수님께 가서 예수님을 만난 이 경험과 기쁨, 확신이 있어야 "와서 보라"고 선포할 수 있습니다. 전도는 설득, 설명이기보다는 사실은 선포입니다. 날마다 시간마다 예수님께 가서 예수님을 보고 확신과 담대함으로 "와서 보라"고 선포할 수 있는 전도자가 되어야 할 것입니다. 어제는 어제대로, 오늘은 오늘대로, 내일은 내일대로, 날마다 새롭게 예수님께 가서 날마다 새로운 은혜로 채워야 "와서 보라"고 선포할 수 있습니다. 어제의 고백으로 오늘 "와서 보라"고 할 수 없습니다. 설교도 선포입니다. 예수님께서 그리스도이십니다. 예수님을 믿어야 구원받습니다. 예수님을 선생이 아니라, 메시아로 영접하고 모셔야 합니다. 이것이 설교의 선포입니다. 때로는 청중을 의식하지 않고 말씀 그대로를 선포할 수 있어야 합니다. 이것을 선포, κήρυγμα(캐뤼그마, 동사 기본형, κηρύσσω-캐륏소)라고 합니다.

47절, "예수께서 나다나엘이 자기에게 오는 것을 보시고…." 빌립이 나다나엘에게 "와서 보라"고 선포한 것은 말에 그치지 않았습니다. 그를 예수님께로 인도했습니다. 예수님께 간 나다나엘은 예수님께서 "하나님의 아들"이시며 "이스라엘의 임금"이심을 보고 고백하였습니다. 예수님께 간 사람들은 예수님을 메시아, 하나님의 아들, 이스라엘의 임금으로 고백하였습니다. 이 놀라운 고백의 출발점은 예수님께 가는 것입니다. 신앙은 예수님께 가는 것에서 시작되고 완성됩니다. 예수님께 가서 주님의 비밀, 신비, 하나님의 나라를 보아야 예수님께서 메시아이심을 고백할 수 있고, 이 고백과 확신, 믿음을 가져야 이웃과 세상에게 "와서 보라"고, 그래서 예수님의 사람이 되라고 담대하게 선포할 수 있습니다.

우리도 "와서 보라"고 선포하는 신앙이 되어야 합니다. 그러나 이 방법은 우리가 사용하기에는 두렵고 떨리는 방법입니다. 왜냐하면, 이 방법은 바로 예수님께서 사용하신 방법이기 때문입니다. 예수님께서는 '오라 그러면 너희가 볼 것이다.'라고 얼마든지 말씀하실 수 있습니다. 그 약속을 지키실 수 있기 때문입니다. 예수님께는 주님의 선포를 듣고 따라오는 이들에게 보여주실 것이 있습니다. 그런데 우리는 어떻습니까? 우리에게 보여줄 것이 있는지, 우리 교회가 그들에게 보여줄 것이 있는지도 살펴야 합니다. 그래야 "와서 보라"고 선포하는 것이 공중에 던지는 허탄한 소리가 아니라, 복음의 능력, 전도의 능력의 생명의 선포(κήρυγμα-캐뤼그마)가 될 것입니다.

우리가 보여줄 것은 무엇입니까? 예수 그리스도의 복음입니다. 예수 그리스도의 복음, 말씀, 메시아의 그 명령대로 준행하는 삶, 말씀의 신앙입니다. 또한 예수 그리스도의 복음과 복음을 따르는 신앙으로 인하여 예수님께 복 받는 성도의 모습을 보여주어야 합니다. 이렇게 주님께로부터 평안과 형통, 복을 받는 모습도 보여줄 수 있어야 합니다. 이때, "와서 보라"고 선포할 수 있습니다. 이 자신이 없다면, 선포할 수 없을 것입니다. 선포해서도 안 됩니다. 아니 '와서 보라'는 선포를 잠시 미뤄두고, 보라는 것, 곧 우리가 그들에게 보여주어야 할 것을 채우기 위한 신앙의 순례를 더욱 감당해야 합니다.

"와서 보라"고 선포해야 하는 성도의 의무 앞에서 우리는 먼저 예수님께 가야 하는 의무를 깨닫게 됩니다. 예수님께 가야만 볼 수 있습니다. 이 확신과 믿음 위에서 "와서 보라"고 선포할 수 있기 때문입니다. 신앙은 예수님께 가는 것입니다. 그래서 신앙은 어떻게 예수님께 갈 수 있을까를 끊임없이 묻고 찾고, 또 묻는 길입니다. 끊임없이 물어야 한다는 것은, 신앙은 더 깊은 곳으로 날마다 나아가는 것이라는 말입니다. 오늘의 신앙의 자리에서 내일을 살아갈 수도, 신앙할 수도 없습니다. 날마다 오늘의 한 걸음으로 주님께로 나아가야 합니다.

예수님께 가는 길, 가서 예수님의 메시아 되심을 깨닫게 되는 놀라운 감격과 은혜의 길은 예배밖에는 없습니다. 예배에는 말씀과 기도, 찬양과 고백, 헌신과 충성, 은혜와 돌보심과 평안, 이 모두가 다 들어 있습니다. 한마디로 표현하면, 예배는 하나님의 복의 선물 세트입니다. 날마다 예배를 통하여 주님께 나아가고, 주님께서 주시는 음성을 듣고, 주님께서 주시는 세계를 바라보며 믿음과 은혜로 세상을 향하여, 이웃을 향하여 "와서 보라"고 선포할 수 있는 복된 성도로 세워지기를 기도합니다.

주님의 "와서 보라"(ἔρχεσθε καὶ ὄψεσθε-엘케스쎄 카이 옵세스쎄), '오라 그러면 볼 것이다.'는 명령에 순종하여 '주님께 나아가' 주님의 메시아 되심을 체험하고, 이 믿음(확신)을 통하여 '세상을 향하여' "와서 보라"(ἔρχου καὶ ἴδε-엘쿠 카이 이데)고 선포할 수 있는 성도가 되시기를 기도합니다.

무슨 말씀을 하시든지 그대로 하라

마리아의 믿음

ὅ τι ἂν λέγῃ ὑμῖν ποιήσατε 호 티 안 레개 휘민 포이애사테

"사흘째 되던 날 갈릴리 가나에 혼례가 있어 예수의 어머니도 거기 계시고 예수와 그 제자들도 혼례에 청함을 받았더니 포도주가 떨어진지라 예수의 어머니가 예수에게 이르되 저들에게 포도주가 없다 하니 예수께서 이르시되 여자여 나와 무슨 상관이 있나이까 내 때가 아직 이르지 아니하였나이다 그의 어머니가 하인들에게 이르되 너희에게 무슨 말씀을 하시든지 그대로 하라 하니라 거기에 유대인의 정결 예식을 따라 두세 통 드는 돌항아리 여섯이 놓였는지라 예수께서 그들에게 이르시되 항아리에 물을 채우라 하신즉 아귀까지 채우니 이제는 떠서 연회장에게 갖다 주라 하시매 갖다 주었더니 연회장은 물로 된 포도주를 맛보고도 어디서 났는지 알지 못하되 물 떠온 하인들은 알더라 연회장이 신랑을 불러 말하되 사람마다 먼저 좋은 포도주를 내고 취한 후에 낮은 것을 내거늘 그대는 지금까지 좋은 포도주를 두었도다 하니라 예수께서 이 첫 표적을 갈릴리 가나에서 행하여 그의 영광을 나타내시매 제자들이 그를 믿으니라"(요한복음 2장 1~11절)

갈릴리 가나에 혼례잔치가 열렸습니다. 예수님의 어머니 마리아도 참석하였습니다. 마리아는 어떤 자격으로 혼례잔치에 참여하고 있을까요? 단순한 하객은 아니었습니다. 포도주가 떨어진 사실을 알았고, 포도주를 구하기 위해 예수님께 요청했습니다. 적어도 포도주를 책임져야 하는 자리에 있었던 것 같습니다. 하인들에게 예수님께서 무슨 말씀을 하시든지 그대로 하라고 지시한 것을 보면, 단순한 일꾼도 아니었습니다.

마리아는 포도주를 구해야만 했습니다. 다급한 마리아는 예수님께 포도주가 떨어졌다며 도와달라고 간구합니다. 마리아는 왜 예수님께 포도주가 떨어진 사실을 알리고 도와달라고 간구했을까요? 예수님께서 무슨 포도주가 있겠습니까? 혼례잔치에 사용될 만큼의 많은 포도주가 예수님께 있겠습니까? 갈릴리 가나에는 포도원이 없다고 합니다. 잔치에 쓸 만큼의 포도주를 구할 수 없는 상황입니다. 이런 상황에서 포도주를 구할 수 있는 방법은 기적 외에는 없습니다. 기적이 아니고서는 포도주를 구할 수 없는 상황입니다. 마리아가 예수님께 포도주가 떨어진 문제를 해결해달라고 간청하는 것은 예수님께 기적을 구하는 것입니다.

예수님께 기적을 간구하고 있는 것으로 보아 마리아는 예수님께 대한 확실한 믿음이 있었던 것으로 보입니다. 이 믿음이 있기에 예수님께 기적을 구할 수 있었습니다. 맞습니다. 마리아에게는 예수님께 대한 믿음이 있습니다. 예수님을 성령으로 잉태할 때, 마리아는 예수님이 하나님의 아들이시며 메시아이심을 알았습니다. 예수님께서 열두 살이 되어 성전을 찾으셨을 때는 예수님께서 성전, 아버지의 집에 남으셔서 율법을 듣기도 하시고 묻기도 하셨던 일과 예수님의 말씀을 듣던 모든 자가 예수님의 지혜와 대답에 놀라는 광경을 목격하였습니다. 마리아는 다시 한 번 예수님께서 메시아이심을 확인하였을 것입니다. 마리아가 예수님께 대한 이러한 믿음을 마음에 잘 간직해두었다고 누가복음 2장 51절이 말씀합니다. "예수께서 함께 내려가사 나사렛에 이르러 순종하여 받드시더라 그 어머니는 이 모든 말을 마음에 두니라"

마리아가 예수님을 메시아로 믿게 된 것에 대하여 성경이 증거하는 말씀은 이 정도입니다. 그러나 성경에 기록되지 않은 부분도 있을 것입니다. 예수님께서 공생애 전에 가정에서 메시아로서, 하나님의 아들로서 사셨던 모습을 누구보다 마리아가 가까이서 지켜보았습니다. 마리아는 삼십 년 동안 예수님의 이런 모습을 지켜보았습니다. 메시아이신 예수님께 대한 믿음을 확인하고 굳게 세워가는 시간이었을 것입니다.

이 믿음이 있었던 마리아는 포두주가 떨어지자 예수님께 기적을 간구하였습니다. 그러나 예수님께서는 쉽게 응답하지 않으셨습니다. 예수님께서는 항상 그러하십니다. 병자들에게도 반드시 그들의 믿음을 요구하신 후에 응답해주시고, 기적을 베풀어주셨습니다. 기적이 중요한 것이 아니라, 믿음이 중요한 것이기 때문입니다. 마찬가지입니다. 복이 중요한 것이 아니라, 사실은 믿음이 중요한 것입니다. 믿음이 있어야 복을 받고, 받은 복을 지킬 수도 있습니다.

예수님께서는 모친 마리아에게도 믿음을 요구하셨습니다. 예수님께서 마리아에게 믿음이 있나 흔들어보셨습니다. 마치 수로보니게 여인에게 모욕적인 말로, "…자녀의 떡을 취하여 개들에게 던짐이 마땅치 아니하니라"(막 7:27)하시며, 그녀의 믿음을 시험해보신 것과 같이, 모친 마리아에게도 상당히 불편한 언어로 시험하셨습니다. 예수님께서는 항상 믿음을 시험해보십니다. 마리아조차도 시험하셨다면, 우리야 말해 무엇하겠습니까? 반드시 주님께서 주시는 시험이 있을 것을 늘 기억하며 하루하루, 매 시간마다 주님께 답하는 모습과 행동으로 살아야 할 것입니다.

예수님께서 마리아를 부르셨습니다. "여자여", γύναι(귀나이, 기본형, γυνή-귀내)는 에베소서 5장 21절, "아내들이여"(αἱ γυναῖκες-하이 귀나이케스)에서 보이듯이 '결혼한 여성'을 일컫는 표현입니다. 예수님께서 어머니 마리아를 "여자여"라고 부르셨습니다. 세상 어느 누가 어머니를 "여자여"라고 부를 수 있습니까? 예수님께서는 요한복음 4장 21절에서 사마리아 여인을 γύναι(귀나이), "여자여"라고 부르시며 예배에 대해서 가르쳐주셨습니다. "여자여" 호칭을 사용하시는 예수님께서는 가르치시는 입장이고, 호칭을 받은 자는 배움을 받는 입장입니다. 육신의 모친 마리아를 "여자여"라고 부르시는 본문의 예수님의 입장도 다르지 않습니다. 앞뒤 사정없이 본다면, 미쳤다고 하지 않을 수 없는 표현입니다. 마리아에게 예수님을 메시아로 믿는 믿음이 없었다면 더욱 그러했을 것입니다. 그러나 마리아에게는 믿음이 있었습니다. 그래서 마리아는 한 마디 대꾸도 없습니다. 서운한 기색조차 없습니다. 메시아이신 예수님께서 자신을 부르시는 당연한 호칭이기 때문입니다.

"나와 무슨 상관이 있나이까"(τί ἐμοὶ καὶ σοί-티 에모이 카이 소이) 조급하고 다급한 마리아와는 대조적으로 예수님께서는 너무나 무성의하십니다. 마리아의 다급한 사정이 예수님과 무슨 상관이 있냐는 말입니다. 나와는 상관없다고 너무나 태연하게 답하고 계신 예수님의 모습을 볼 수 있습니다. 우리도 마찬가지입니다. 나는 애가 타는데 내가 도움을 청한 상대방이 너무나 태연하면 서운할 뿐만 아니라, 없던 화도 생깁니다. 그러나 마리아는 예수님께 왜 그렇게 무관심하냐며 불평을 하거나 낙심하지 않았습니다. 믿음이 있었기 때문입니다.

"내 때가 아직 이르지 아니하였나이다"(οὔπω ἥκει ἡ ὥρα μου-우포 해케이 해 호라 무) 예수님께서는 언젠가는 하나님의 일, 메시아 사역을 감당하는 공생애의 삶을 사시게 될 것이라고 마리아에게 말씀하셨을 것입니다. 마리아도 이러한 사실을 잘 알고 있었을 것입니다. '때', '시각', '시간'을 의미하는 ὥρα(호라)는 '지정된 시각', '약속된 시간'을 의미합니다. 본문에서는 '하나님께서 정하신 때'를 의미합니다. 예수님의 ὥρα(호라)는 바울의 καιρός(카이로스)와 연결 지어 살펴볼 수 있습니다. 예수님께서는 아직 그때가 아니라고 말씀하시며 거절하신 것입니다. 마리아가 다급하게 간구하지만, 아직은 때가 아니니 간청을 들어줄 수 없다고 일언지하에 거절하셨습니다.

그러나 마리아는 이 말씀이 예수님의 진심이 아니라, 자신의 믿음을 시험해보려는 말씀인 줄 잘 알았습니다. 이 사실을 마리아는 어떻게 알았을까요? 예수님의 이러한 마음을 알았기에 마리아는 예수님의 거절에도 낙심하거나 실망하지 않을 수 있었습니다. 예수님께서는 "때"가 아니라고 말씀하셨지만, 마리아는 제자들과 함께 다니시는 예수님을 보았습니다. 2절, "예수와 그 제자들도 혼례에 청함을 받았더니." 사역을 시작하신 예수님을 본 것입니다. "때"가 되어 메시아 사역을 시작하시는 예수님을 마리아는 잘 알고 있었습니다. 예수님께서는 어머니 마리아에게 "때"를 시작한다고 말씀하시고 집을 나서셨을 것입니다. 마리아는 이미 예수님의 "때"가 이른 줄 알았습니다. 그래서 예수님께 기적을 구했던 것입니다.

예수님께서는 요한복음 2장 4절, "여자여 나와 무슨 상관이 있나이까 내 때가 아직 이르지 아니하였나이다"는 말씀을 통해 마리아의 간청을 사실은 세 번이나 연속적으로 거절하셨습니다. 아니 세 번이씩이나 시험해보셨습니다. 저와 여러분이라면 어떻게 했을까요? 때로 우리도 이와 같이 예수님께로부터 응답받지 못했다는, 심하게는 거절당한 것이 아닌가 하는 마음이 들 때가 있습니다. 지금 마리아의 상황이 그런 상황입니다. 마리아는 어떻게 했을까요?

마리아는 예수님의 말씀이 시험인 것을 잘 알았습니다. 그래서 흔들리지 않았습니다. 예수님의 세 번의 시험에 아랑곳하지 않고 행동으로 믿음을 고백합니다. 예수님께서는 안 하시겠다고 말씀하셨습니다. 그런데 마리아는 예수님께서 들어줄 수 없다고 거절하신 바로 그 자리로 하인들을 불렀습니다. 그리고 예수님 앞에서 하인들에게 지시를 내렸습니다. 하인이 아니라 예수님께서 들으시라고 하는 말입니다. 하인들에게 지시하지만, 예수님께 드리는 믿음의 고백입니다. 하인들에게 내린 지시는 마리아가 예수님께 드리는 신앙 고백입니다.

"너희에게 무슨 말씀을 하시든지 그대로 하라" 마리아가 하인들에게 지시한 이 말씀은 두 부분으로 나눌 수 있습니다. “너희에게 무슨 말씀을 하시든지”, 하인들에게 이런 지시를 내린 것으로 보아 마리아는 예수님께서 하실 말씀이 어떤 말씀이실지 그 분위기를 알고 있었던 것 같습니다. 언뜻 듣기에는 말도 되지 않는, 이해할 수 없고 믿을 수 없는 말씀을 예수님께서 하실 것임을 알고 있었던 것 같습니다. 그러니 하인들에게 “무슨 말씀을 하시든지 그대로 하라”며 당황하지 않도록, 마음의 준비를 시켜 주님의 말씀에 순종할 수 있도록 지시한 것입니다.

“그대로 하라”는 ‘행하라’는 명령입니다. ποιήσατε(포이애사테)는 부정과거 능동 명령형입니다. 이 용법은 단회적인, 일회적인 명령을 의미합니다. 마리아가 하인들에게 지시한 명령은 이런 의미입니다. 예수님께서 무슨 말씀을 하시든지 그대로 하라. 무조건 하라. 의심하지 말고 하라. 일단 시키신 대로 하라. 마리아는 예수님께서 하인들이 의심할, 의심할 수밖에 없는 말씀을 하실 것을 알고 있었습니다. 눈 딱 감고 말씀하시는 대로 행하라. 머리로 따지면 설득되어 순종할 수 없다는 것을 잘 알고 있었습니다.

마리아는 하인들에게 놀라운 순종을 요구하고 있습니다. 이런 요구를 하는 마리아라면, 분명 그녀에게도 이런 경험이 있었을 것입니다. 자신이 경험하지 않고는, 체험해보지 않고는 이런 요구를 지시할 수는 없습니다. 자신이 경험했기에 그리고 그로 인하여 기적을 경험해보았기에 이렇게 지시할 수 있는 것입니다. 예수님을 성령으로 잉태할 때, 마리아는 천사의 고지에 순종하며 고백합니다. 마리아의 고백의 내용이 바로 하인들에게 지시한 “그대로 하라”와 동일합니다.

> "마리아가 이르되 주의 여종이오니 말씀대로 내게 이루어지이다 하매 천사가 떠나니라"(누가복음 1장 38절)

마리아는 "말씀대로 내게 이루어지이다", 말씀대로, 그대로 이루어질 것을 믿고 고백했습니다. 천사의 말, 곧 하나님의 말씀대로 이루어질 것을 믿었습니다. 그리고 그대로 이루어졌습니다. 이 믿음이 있었기에 하인들에게 예수님의 말씀대로 순종하라고, 그러면 그 말씀대로 이루어질 것이라고 당부했던 것입니다. 뿐만 아니라, 아마도 마리아는 예수님의 공생애 전, 성경에는 기록되어 있지 않지만, 예수님의 놀라운 기적도 체험하였던 것이 분명합니다. 이 정도의 고백을 드릴 수 있을 정도라면, 분명 이전에 예수님을 통하여 많은 기적의 경험을 가졌던 것이 분명합니다.

예수님께서 마리아의 믿음, 흔들리지 않는 믿음을 보셨습니다. 분명히 상관이 없다고, 때가 아니라고 하시며 마리아의 간청을 들어줄 수 없다고 말씀하셨는데 예수님께서 하인들에게 말씀하십니다. 예수님께서 마음을 바꾸신 것일까요? 마리아가 시험에 합격하여 간청을 들어주시는 것일까요? 수로보니게 여인에게도 들어주지 않겠다고 말씀하시고는, 그녀의 믿음을 보신 후에는 그녀의 딸을 고쳐주셨습니다. 마태복음 15장 28절, "여자여 네 믿음이 크도다 네 소원대로 되리라 하시니 그 때로부터 그의 딸이 나으니라." 예수님께서 마리아의 믿음도 보셨습니다. 그러므로 우리는 너무 일찍, 너무

미리 예수님께서 거절하셨다고 결정해버려 낙심하거나 포기하지 말아야 합니다. 흔드시는 예수님께 흔들리지 않는 믿음을 보여드려야 합니다. 이것이 예수님께서 기적을 베풀어주시는 비밀입니다.

예수님께서 하인들에게 말씀하셨습니다. "항아리에 물을 채우라" 무슨 일인지 알지 못하였지만, 마리아의 지시를 받은 하인들은 그대로 순종했습니다. 하인들은 분명 예수님께서 말씀하신 대로 물을 길어다 항아리를 채웠습니다. "이제는 떠서 연회장에게 갖다 주라" 자신들이 항아리에 채운 것이 물인 줄 아는데, 어떻게 연회장에게 이것이 포도주라고 가져다줄 수 있겠습니까? 말도 되지 않는 명령이었습니다. 마리아는 예수님께서 이런 명령을 하실 줄 알았습니다. 그러니 "무슨 말씀을 하시든지 그대로 하라"고 신신당부했던 것입니다. 마리아의 신신당부가 있었기에 하인들은 항아리에서 물을 떠서 연회장에게 가져다줄 수 있었습니다. 마리아의 신신당부가 없었다면, 물을 떠서 연회장에게 가져다주지 않았을 것이고, 이 불순종으로 말미암아 기적은 나타나지 않았을 것입니다.

왜 예수님께서는 연회장에게 가져다주라고 하셨을까요? 포도주가 필요한 것은 혼례잔치의 하객들이니, 포도주를 기다리고 있는 하객들에게 가져다주어야 하지 않을까요? 예수님의 말씀에 따라 하인들이 물을 떠서 연회장에게 가져다주었습니다. 포도주를 맛본 연회장은 그것이 최고급 포도주라고 인증하였습니다. 물을 떠서 연회장에게 가져다주라고 예수님께서 말씀하신 것은 물을 포도주로 만드신 기적을 하인들에게 확인시켜 주시기 위해서입니다. 연회장은 몰랐지만, 하인들은 물이 포도주로 변한 기적을 처음부터 끝까지 직접 경험하였습니다. 증인입니다. 하인들은 왜 마리아가 자신들에게 "(예수님께서) 무슨 말씀을 하시든지 그대로 하라"고 신신당부했는지 비로소 알게 되었습니다.

기적이란 기적이 일어나기 전에는 결코 알 수 없습니다. 기적은 없는 것이 일어나는 것입니다. 만일 기적을 상상하였다거나 생각이라도 하였다면 그것은 기적은 아닙니다. 생각할 수 없는 것, 꿈꿀 수도 없는 것이 눈앞에 실상이 되고 증거로 나타나는 것이 기적입니다. 그래서 기적은 순종으로만 경험할 수 있습니다. 상상할 수 없는 것을 따를 수 있는 것은 순종뿐이기 때문입니다. 순종이 아니고서는 기적 앞에 나아갈 수 없습니다. 예수님께서 수로보니게 여인과 수많은 사람들, 그리고 마리아에게도 그 믿음을 시험해보신 것은 이 순종이 있는지를 보신 것입니다. 순종이 없이는 기적 안으로 들어갈 수 없기 때문입니다. 순종이 기적의 통로입니다.

11절, 예수님께서 이 표적을 갈릴리 가나에서 행하셨습니다. 여기서는 '기적'이라고 표현하지 않고, "표적"이라고 기록하고 있습니다. 예수님의 말씀과 기적은 표적이기 때문입니다. '표적'을 의미하는 σημεῖον(새메이온)은 '가리키다', '지시하다-to sign'을 의미합니다. 기적은 기적 자체가 목적입니다. 그러나 표적은 다릅니다. 표적도 기적인데 '기적'이라 표현하지 않고 '표적'이라 표현하는 것은 기적이라는 표현으로는 나타낼 수 없는 중요한 의미를 나타내기 위함입니다. 표적은 하나의 과정, 통로입니다. 표적이라는 과정, 통로를 통해 그 다음의 과정을 가리키는 손가락이며, 무엇인가를 신호하는 사인입니다. 이것이 표적입니다.

그렇다면, 예수님께서 행하신 갈릴리 가나의 혼례잔치의 표적은 무엇을 가리키고 있을까요? "그의 영광을 나타내시매" 예수님의 영광을 나타내는 손가락이었습니다. 물로 포도주를 만드신 예수 그리스도! 제자들은 이 표적을 통하여 하나님의 아들, 성자 예수 그리스도의 영광을 목격했습니다. 그리고 이 영광을 통해서 예수 그리스도를 더욱 믿게 되었습니다. "제자들이 믿으니라"(11절) 이것이 갈릴리 가나의 혼례잔치의 표적, sign입니다.

예수님께서 가나의 혼례잔치를 통하여 제자들에게 그의 영광을 나타내셨습니다. 그의 영광을 보여주셨습니다. 보게 하셨습니다. 예수님께서는 제자들을 부르시고 그들이 믿음의 자리에 설 수 있게 하기 위하여 표적을 보여주셨습니다. 이것이 목적, 주님의 뜻입니다. 예수님께서는 제자를 임명만 하지 않으셨습니다. 그들을 제자로 만들어가시고, 세워가셨습니다. 요구만 하고 일만 시키지 않으시고 그들을 제자가 되게 하셨습니다.

오늘 교회도 동일합니다. 헌신만 강조하고 강요하는 것이 아니라, 성도의 믿음을 세워주고, 성도되게 해야 합니다. 제자들이 예수 그리스도의 영광을 목격한 것과 같이 성도들에게 성경을 보여주고 성경을 묵상하게 하여 말씀, 하나님의 말씀과 만나게 해야 합니다. 기도의 생명과 능력을 보여주어, 기도의 삶, 무릎의 삶을 살게 해야 합니다. 이렇게 예배, 말씀과 기도가 표적(σημεîον-새메이온)하는 하나님, 예수 그리스도와 성령님을 고백하게 해야 합니다. 이것이 교회의 본질이라 믿습니다.

갈릴리 가나의 혼례잔치에서 물이 포도주로 변하는 기적은 마리아의 믿음을 통하여 표적이 되었습니다. 예수님의 세 번의 시험에도 흔들리거나 낙심하지 않았습니다. 하인들에게 놀라운 순종을 지시했습니다. 사실은 예수님께 드리는 자신의 놀라운 신앙고백이었습니다. 자신에게 믿음을 시험하신 주님께 '어떤 말씀을 하시든지 그대로 하겠습니다.'는 마리아의 믿음의 고백이었습니다. 주님께서 마리아의 이 고백을 보시고 갈릴리 가나의 혼례잔치에서 표적을 행하셨습니다. 오늘 우리에게도 마리아의 믿음이 있다면, 주님께서 우리 삶 속에서 표적을 이루어주실 것이고, 이 표적을 통하여 예수 그리스도의 영광을 경험하고, 더 깊은 신앙으로 나아가는 복된 성도, 예수 그리스도를 증언하는 복된 성도가 될 수 있습니다.

예수님께서 말씀하실 때, 예수님께서 우리의 믿음을 시험하여 흔들어보실 때, 너무 일찍, 너무 쉽게 포기하지 말아야 합니다. 우리의 흔들리지 않는 믿음을 보고 싶어 하시는, 그래서 응답해주고 싶어 하시는 주님의 마음을 먼저 볼 수 있기를 바랍니다. 마리아와 같이 흔들리지 않는 확실한 믿음을 보여드려 주님께서 기뻐하심으로 응답해주시는 은혜와 기적, 표적을 경험할 수 있기를 기도합니다.

니고데모를 당혹케 하시는 예수님

"유월절에 예수께서 예루살렘에 계시니 많은 사람이 그의 행하시는 표적을 보고 그의 이름을 믿었으나 예수는 그의 몸을 그들에게 의탁하지 아니하셨으니 이는 친히 모든 사람을 아심이요 또 사람에 대하여 누구의 증언도 받으실 필요가 없었으니 이는 그가 친히 사람의 속에 있는 것을 아셨음이니라 그런데 바리새인 중에 니고데모라 하는 사람이 있으니 유대인의 지도자라 그가 밤에 예수께 와서 이르되 랍비여 우리가 당신은 하나님께로부터 오신 선생인 줄 아나이다 하나님이 함께 하시지 아니하시면 당신이 행하시는 이 표적을 아무도 할 수 없음이니이다 예수께서 대답하여 이르시되 진실로 진실로 네게 이르노니 사람이 거듭나지 아니하면 하나님의 나라를 볼 수 없느니라 니고데모가 이르되 사람이 늙으면 어떻게 날 수 있사옵나이까 두 번째 모태에 들어갔다가 날 수 있사옵나이까 예수께서 대답하시되 진실로 진실로 네게 이르노니 사람이 물과 성령으로 나지 아니하면 하나님의 나라에 들어갈 수 없느니라 육으로 난 것은 육이요 영으로 난 것은 영이니 내가 네게 거듭나야 하겠다 하는 말을 놀랍게 여기지 말라 바람이 임의로 불매 네가 그 소리는 들어도 어디서 와서 어디로 가는지 알지 못하

> 나니 성령으로 난 사람도 다 그러하니라 니고데모가 대답하여 이르되 어찌 그러한 일이 있을 수 있나이까 예수께서 그에게 대답하여 이르시되 너는 이스라엘의 선생으로서 이러한 것들을 알지 못하느냐 진실로 진실로 네게 이르노니 우리는 아는 것을 말하고 본 것을 증언하노라 그러나 너희가 우리의 증언을 받지 아니하는도다 내가 땅의 일을 말하여도 너희가 믿지 아니하거든 하물며 하늘의 일을 말하면 어떻게 믿겠느냐"(요한복음 2장 23절~3장 12절)

2장 23절을 보면, 유월절에 예수님께서 예루살렘에 계셨고, 많은 표적을 행하셨습니다. 예수님의 표적을 본 많은 사람들이 예수님을 믿었습니다. 예수님께서 갈릴리 가나와 유월절 예루살렘에서 행하신 많은 표적을 보고 많은 사람이 예수님의 메시아 되심을 믿었습니다. 예수님께서 메시아이시라는 소문이 퍼져나갔습니다. 그리고 이 소문이 니고데모에게도 들렸습니다.

니고데모는 바리새인이며 유대인의 지도자입니다. 바리새인과 유대인의 지도자들은 예수님을 잡으려고 애쓰는 자들입니다. 그런 자리에 있는 니고데모에게 예수님께서 메시아이시라는 소문이 들렸습니다. 소문을 들은 니고데모는 혼란스러웠습니다. 예수를 대적했는데, 바로 그분이 그토록 대망하던 메시아이시라는 소문이었기 때문입니다. 니고데모는 어떻게 해야 할지 쉽게 결정할 수 없었습니다. 소문만 듣고 예수님을 메시아로 믿을 수도, 자신의 무리들(바리새인, 유대인의 지도자들)이 예수를 대적하는 당론을 그대로 따를 수도 없었습니다.

성경에 나타나는 니고데모의 모습을 보면, 그는 경솔한 사람이 아니었습니다. 니고데모는 많이 고민하고 또한 여러 모로 소문에 대하여 확인해보았을 것입니다. 그리고 니고데모는 결정을 내렸습니다. 예수님을 찾아갔습니다. 믿음의 고백을 드렸습니다. 니고데모는 자신에게 들린 소문, 예수님께서 메시아이시라는 소문을 사실로 받아들였습니다. 이 믿음으로 예수님을 찾아갔습니다.

밤에 예수님을 찾아갔습니다. 사람들은 니고데모의 이 모습을 두고 눈치를 살피는, 담대하지 못한, 연약한 믿음이라고 말들을 합니다. 그렇게 보입니다. 그럴 수도 있습니다. 그러나 그의 위치를 생각해본다면, 방문 시기가 "밤"이라는 것은 부수적인 것에 지나지 않습니다. 오히려 역설적으로 볼 수 있습니다. 밤을 이용해서라도 주님을 만나고자 했던 니고데모의 사모함을 발견할 수 있습니다. 예수님과 적대적인 관계에 있음에도 불구하고 예수님을 찾아갔다는 것에 더 큰 무게를 두어야 합니다.

니고데모가 예수님께 드린 믿음의 고백입니다. 예수님을 'Ραββί(랍비), '선생님'이라 불렀습니다. 2절에서도 "하나님께로부터 오신 선생"이라고 부르고 있습니다. 바리새인이며, 유대인의 지도자인 니고데모로서는 최고의 존경의 호칭을 드리는 것입니다. 2절에서는, 예수님께서 행하시는 표적을 통하여 예수님을 "하나님께서 함께 하시는 분"으로 고백하였습니다. 예수님께서 메시아이시라는 소문을 듣고 온 니고데모가 예수님을 메시아로 고백하고 있습니다. 바리새인이며, 유대인의 지도자였던 니고데모의 지위를 생각할 때, 예수님을 찾아온 니고데모의 방문은 어려운 결단이었으며, 예수님께 드린 그의 신앙고백은 놀라운 고백이었습니다. 만일 니고데모에게 의심이 조금이라도 있었다면 찾아가지도 않았을 뿐더러, 이런 고백은 꿈도 꿀 수 없습니다.

이런 니고데모에게 예수님께서는 어떻게 반응하셨을까요? 칭찬하고 안아주지 않으셨을까요? 그런데 3절을 보십시오. "예수께서 대답하여 이르시되 진실로 진실로 네게 이르노니 사람이 거듭나지 아니하면 하나님의 나라를 볼 수 없느니라" 예수님의 말씀은 칭찬이 아니었습니다. 위로와 격려의 말씀도, 환영의 말도 아니었습니다. 부정적인 분위기의 말씀을 하셨습니다. 어려운 결단을 하여 신앙고백을 드리는 니고데모에게 예수님께서는 니고데모가 거듭나지 못했고, 그래서 하나님 나라를 볼 수 없다고, 보지 못했다고 말씀하셨습니다.

본문의 표현 '거듭나다', γεννηθῇ ἄνωθεν(겐네쌔 아노쎈)에서 ἄνωθεν,아노쎈)은 '다시', '거듭'의 의미를 지니고 있습니다. 이러한 의미에서 '다시 나다', '거듭나다'를 뜻합니다. 또한 '위에', '위로'라는 의미를 가지고 있습니다. 방향을 의미하는 접미어 θεν(쎈)이 연결되어 '위로부터'라는 의미도 가지고 있습니다. 거듭나는 것은 '다시 나는 것'이며 또한 '위로부터 나는 것'입니다. '위로부터', 곧 위에 계신 하나님께로부터 나는 것이 위로부터 나는 것, 바로 거듭나는 것입니다.

야고보서 1장 17절, "온갖 좋은 은사와 온전한 선물이 다 위로부터 빛들의 아버지께로부터 내려오나니…." ἄνωθέν ἐστιν καταβαῖνον ἀπὸ τοῦ πατρὸς τῶν φώτων(아노쎈 에스틴 카타바이논 아포 투 파트로스 톤 포톤). ἄνωθέν(아노쎈, 위로부터)과 ἀπὸ τοῦ πατρὸς τῶν φώτων(아포 투 파트로스 톤 포톤, 빛들의 아버지께로부터)을 동일한 표현으로 사용하고 있습니다. 야고보서 3장 17절도 ἡ δὲ ἄνωθεν σοφία(해 데 아노쎈 소피아), "위로부터 난 지혜", 곧 '하나님께로부터 난 지혜'를 말씀하고 있습니다. 갈라디아서 4장 26절도 ἡ δὲ ἄνω Ἰερουσαλὴμ(해 데 아노 예루살렘), "오직 위에 있는 예루살렘은"이라고 말씀하고 있습니다.

'위로부터'는 '하나님께로부터' 나는 것이며, 또한 3장 5절의 표현으로는 "물과 성령으로" 나는 것입니다. 물은 세례를 의미하며, 세례는 회개와 죄 사함을 의미합니다. 회개하여 죄 사함의 은혜를 얻은 사람이 거듭난 사람입니다. 성령으로 난 사람은 성령의 인도하심을 받는 사람입니다. 자신의 삶을 자신이 살아서는 안 됩니다. 시편 51편 5절 말씀과 같이 "죄악 중에서 출생"한, "어머니가 죄 중에서 잉태"한 죄인이 자신의 삶을 산다면, 죄인의 삶밖에는 되지 못합니다. 그래서 성령을 의지하고, 예수 그리스도의 말씀 안에서 살아야 하고, 하나님의 은혜로 살아야 합니다. 이 삶이 거듭난 삶입니다. 위로부터, 하나님께로부터 난 사람입니다.

신앙인에게는 두 가지 출생이 있습니다. 육의 출생과 신앙, 영의 출생입니다. 예수님께서는 니고데모가 영적인 신앙의 출생을 하지 못하였다고, 그래서 하나님 나라를 보지 못하였다고, 거듭난 삶을 살지 못한다고 말씀하셨습니다. 예수님께서는 어려운 걸음을 하여 믿음의 고백을 드린 니고데모에게 냉담한 말씀을 하셨습니다. 더구나 10절에서, "예수께서 그에게 대답하여 이르시되 너는 이스라엘의 선생으로서 이러한 것들을 알지 못하느냐"라고 못을 박았습니다다. '너는 이스라엘의 선생이라면서 이런 것도 몰랐느냐?' '그래 가지고 어떻게 하나님의 백성을 가르치고 인도했는지 모르겠다.'는 말씀입니다. 꾸중은 계속됩니다. 11절, "…우리는 아는 것을 말하고 본 것을 증언하노라." '너는, 이스라엘의 선생이라는 자가 알지도 못하고, 보지도 못한 것을 전하였느냐?'

12절, "내가 땅의 일을 말하여 너희가 믿지 아니하거든 하물며 하늘의 일을 말하면 어떻게 믿겠느냐", '네가 듣지도 보지도 못해서 어리둥절해하는 이런 말씀은 겨우 땅의 일, 기초적인 것인데, 이것도 모르는 네게 어떻게 하늘의 신령한 비밀들을 말해주고, 가르쳐 줄 수 있겠느냐? 말해주어도 모를 것이다.'라고 질책하셨습니다. 예수님께서 니고데모의 자존심을 흔드셨습니다.

이스라엘의 선생으로서 늘 대접과 존경을 받는 것에 익숙했던 그는 예수님의 꾸중과 질책에 몹시 당황했습니다. 자신의 동료들과 당파들은 예수님을 적대시하는데도 불구하고 자신은 믿음의 고백을 가지고 어려운 걸음을 하여 예수님을 찾아온 것인데, 그런 자신에게 이런 꾸중과 질책을 쏟아내시는 예수님의 의도를 이해할 수 없었을 것입니다. 니고데모는 큰 칭찬은 아니더라도 어려운 걸음을 했다며 예수님께서 반겨주실 것이라고는 기대하고 왔을 것입니다. 그런데 예수님의 반응은 너무나 차가웠습니다. 그래서 더 당황했을 것입니다.

예수님께서 니고데모를 당혹스럽게 하셨습니다. 성경을 보면, 예수님께서는 항상 당혹스럽게 하시는 분이었습니다. 예수님께서는 당혹케 하시는 분일 수밖에 없습니다. 예수님께서 니고데모에게, 우리에게 주시는 말씀과 요구, 명령과 기대는 높은 수준입니다. 니고데모와 우리가 따라가기에도 벅찬 수준일 것입니다. 그러니 예수님 앞에 선 니고데모, 예수님 앞에 서야 할 성도가 주님의 높은 수준의 명령과 요구 앞에서 당혹스러워하는 것은 어찌 보면 당연한 일입니다. 예수님을 신앙하는 믿음이란 성도를 당혹스럽게 하시는 예수님의 말씀과 요구 앞에 서는 것입니다. 예수님을 향하여, 예수님의 말씀을 향하여 서는 것이 신앙입니다. 신앙이 이런 것이기에, 주님의 당혹스러운 말씀과 요구 앞에 서야 하는 성도는 예수님의 말씀을 꾸중과 질책이라 여기지 말아야 합니다. 주님의 말씀에 얼굴이 붉어질 정도로 당혹스럽지만, 그 말씀이 꾸중과 질책이 아니라, 니고데모의 그리고 우리의 부족한 신앙을 채워주시기 위한 정확한 신앙의 진단과 처방이라는 것을 알아야 합니다. 이런 의미에서 니고데모에게 주신 주님의 말씀과 가르침은 그의 신앙을 성숙케 하시려고 주시는 레슨과 같습니다.

예술을 하는 사람이 스승에게서 레슨을 받습니다. 자기 혼자의 힘으로는 어렵기 때문입니다. 레슨비가 만만치 않습니다. 큰돈을 지불하고 레슨을 받습니다. 큰돈을 지불했으니, 레슨을 받을 때 칭찬과 격려, 위로와 희망이 돌아올 것이라 생각되지만, 그 반대입니다. 많은 지적과 꾸중을 듣습니다. 수준 높은 레슨일수록 혹독합니다. '그것밖에 안 되냐?', '그 정도였냐?', '그 실력으로 어디다 써먹겠냐?'는 꾸중과 질책으로 눈물을 쏙 뺍니다. 레슨이란 그런 것입니다. 스승은 제자를 사랑합니다. 그러나 그 사랑을 칭찬과 격려가 아니라, 꾸중과 질책으로 표현합니다. 자신의 모습이 어떤지 바로 볼 수 있어야 성장하고 성숙할 수 있기에, 스승은 제자의 모습을 사실대로 보여주기 위해서 꾸중과 질책이라는 방법을 선택하는 것입니다. 제자도 눈물을 쏙 빼면서도 레슨의 자리를 지킵니다. 꾸중과 질책이 아니라, 스승의 사랑임을 잘 알기 때문입니다.

예수님께서 니고데모를 계속해서 몰아세우며 꾸중하시는 것도 니고데모를 사랑하신다는 역설입니다. 예수님께서는 니고데모가 그의 동료와 당파들과는 달리 어려운 결단으로 걸음을 했고, 대단한 신앙고백을 드린 것을 잘 알고 계십니다. 그래서 니고데모를 매우 사랑하고 기뻐하셨습니다. 그러하기에 예수님께서 니고데모를 더 많이 꾸중하셨던 것입니다. 이름만 이스라엘의 선생이었던 니고데모를 참다운 이스라엘의 선생, 하나님 나라의 일꾼으로 세워주시려고 하셨던 것입니다. 예수님께서는 결코 니고데모를 꾸중하지 않으셨습니다. 많이 사랑하셨습니다.

예수님의 이러한 속마음을 니고데모는 알았을까요? 우리도 주님의 이런 마음을 알 수만 있다면 늘, 언제나 말씀 앞에 겸손하고 진지한 모습으로 순종할 수 있을 것입니다. 예수님께서는 절대 니고데모와 우리를 꾸중하고 질책하시는 분이 아닙니다. 꾸중과 질책으로 사랑을 표현하시는 것입니다. 니고데모는 예수님의 꾸중과 질책을 어떻게 받아들였을까요? 오늘 본문을 통해서는 니고데모가 어떻게 받아들였는지는 알 수 없습니다. 그러나 니고데모의 이야기가 기록된 요한복음 7장과 19장을 연결해서 살펴보면, 예수님께서 요한복음 3장을 통해서 주신 꾸중과 질책을 니고데모가 어떻게 받아들였는지 상상해볼 수 있습니다.

7장 50~51절, "그 중의 한 사람 곧 전에 예수께 왔던 니고데모가 그들에게 말하되 우리 율법은 사람의 말을 듣고 그 행한 것을 알기 전에 심판하느냐." 바리새인들과 유대인의 지도자들은 예수님을 잡으려고 했습니다. 이것이 그들의 당론입니다. 그러나 니고데모는 그들과, 자신의 당과 다른 목소리를 냅니다. 예수님의 말씀과 행동을 보고 예수님을 판단해야 한다고, 편견을 가지는 죄를 범해서는 안 된다고 홀로, 외롭게 예수님을 변호하였습니다. 이 변호 때문에 니고데모는 동료들로부터, 당원들로부터 "…너도 갈릴리에서 왔느냐…."는 비난을 받았습니다. 이 비난 속에서도 니고데모는 예수님을 변호하였습니다. 예수님께서 메시아이심을 선포하였습니다.

19장 39~40절, "일찍이 예수께 밤에 찾아왔던 니고데모도 몰약과 침향 섞은 것을 백 리트라쯤 가지고 온지라 이에 예수의 시체를 가져다가 유대인의 장례 법대로 그 향품과 함께 세마포로 쌌더라." 예수님께서 십자가를 지시고 운명하셨을 때, 제자들조차도 모두 도망갔습니다. 그러나 니고데모는 예수님을 장사지내기 위하여 죽을 자리로 들어갔습니다. 예수님의 시체를 가져다가 장사지냈습니다. 주님을 장사지내기 위하여 목숨도 아끼지 않은 신실한 제자로 우뚝 섰습니다.

니고데모의 이러한 모습들로 볼 때, 요한복음 3장에서 니고데모는 예수님의 꾸중과 질책을 예수님의 사랑의 말씀으로 받아들인 것이 분명합니다. 꾸중과 질책으로 자신의 부족한 모습을 보여주시는 예수님의 사랑을 발견하였던 것입니다. 예수님께서는 결코 꾸중과 질책하시는 분이 아니심을 깨달았던 것이 분명합니다.

주님 말씀 앞에 이러한 자세로 서는 것은 대단히 중요합니다. 그러했기에 니고데모는 예수님께 올 때는 거듭나지 못하고, 하나님 나라를 보지 못하고 물과 성령으로 나지 못한, 이스라엘의 선생답지 못한 자였지만, 그는 거듭나고 하나님 나라를 보고 물과 성령으로 거듭나고 이스라엘의 선생으로 세워질 수 있었습니다. 그래서 19장 39절 말씀처럼, 순교를 개의치 않는 예수님의 제자로 세워질 수 있었던 것입니다.

성도를 당혹하게 하시는 예수님의 말씀과 요구, 기대와 명령 앞에 어떻게 서느냐가 우리의 신앙의 모습을 결정합니다. 꾸중과 질책으로 듣는다면, 주님을 외면하고 주님의 말씀을 외면하게 될 것입니다. 이런 모습에 변화와 성숙은 기대할 수 없습니다. 그러나 주님의 말씀, 꾸중과 질책의 옷을 입었지만, 사실은 성도를, 나를 사랑하시는 주님의 사랑의 속마음을 헤아릴 수 있다면, 주님의 말씀을 통하여 나의 부족한 부분을 바라보고 채워서 성숙과 변화로 나아갈 수 있습니다.

니고데모의 이런 놀라운 변화와 성숙이 우리에게도 함께하기를 소원합니다. 비록 예수님께 나올 때는 드릴 것 없는, 별 볼일 없는 그런 초라한 모습이었다 할지라도, 예수님께 나아와 주님께서 주시는 사랑의 말씀을 통하여 변화되고 성숙되는 성도로 세워질 수 있기를 기도합니다.

사마리아 여인의 신앙의 갈증

"여자가 이르되 주여 내가 보니 선지자로소이다 우리 조상들은 이 산에서 예배하였는데 당신들의 말은 예배할 곳이 예루살렘에 있다 하더이다 예수께서 이르시되 여자여 내 말을 믿으라 이 산에서도 말고 예루살렘에서도 말고 너희가 아버지께 예배할 때가 이르리라 너희는 알지 못하는 것을 예배하고 우리는 아는 것을 예배하노니 이는 구원이 유대인에게서 남이라 아버지께 참되게 예배하는 자들은 영과 진리로 예배할 때가 오나니 곧 이 때라 아버지께서는 자기에게 이렇게 예배하는 자들을 찾으시느니라 하나님은 영이시니 예배하는 자가 영과 진리로 예배할지니라 여자가 이르되 메시야 곧 그리스도라 하는 이가 오실 줄을 내가 아노니 그가 오시면 모든 것을 우리에게 알려 주시리이다 예수께서 이르시되 네게 말하는 내가 그라 하시니라 이 때에 제자들이 돌아와서 예수께서 여자와 말씀하시는 것을 이상히 여겼으나 무엇을 구하시나이까 어찌하여 그와 말씀하시나이까 묻는 자가 없더라 여자가 물동이를 버려 두고 동네로 들어가서 사람들에게 이르되 내가 행한 모든 일을 내게 말한 사람을 와서 보라 이는 그리스도가 아니냐 하니 그들이 동네에서 나와 예수께로 오더라"(요한복음 4장 19~30절)

예수님께서 유대를 떠나 갈릴리로 가십니다. 유대에서 갈릴리로 가기 위해서는 중간에 위치한 사마리아를 지나가야 합니다. 예수님께서는 사마리아의 "수가"라 하는 동네에 이르러, 우물 곁에 앉으셨습니다. 얼마쯤 지났을까요? 한 여인이 물을 길으러 왔습니다. 예수님께서 그녀에게 "물을 좀 달라"고 청하셨습니다. 여인은 깜짝 놀랐습니다. 북 왕국이었던 사마리아는 주전 722년에 앗수르에게 멸망당했습니다. 앗수르는 이민정책-혼혈정책으로 사마리아를 다스렸습니다. 그래서 유대인들은 혼혈된 사마리아 사람들을 개와 같이 여겼습니다. 사람으로 대우하지 않았습니다.

이 여인도 이러한 사실을 잘 알고 있었습니다. 그런데 유대인이, 그것도 유대인 남성이 자기에게 말을 걸어왔습니다. 단순한 말이 아니라, "물을 좀 달라"고 도움까지 요청했습니다. 여인이 생각하기에 있을 수 없는 일이었기에 깜짝 놀랐습니다. "어찌하여 사마리아 여자인 나에게 물을 달라 하나이까"(9절) 그녀가 아는 유대인은 목이 말라 죽었으면 죽었지, 결코 사마리아 사람에게 물을 달라는 요청 따위는 하지 않을 사람이었기 때문입니다.

예수님께서 사마리아 여인에게 "물을 좀 달라"고 요청하셨습니다. 목이 마르신 것이라기보다는 그녀에게 가까이 다가가고자 하셨습니다. 물을 얻어 마시는 것이 목적이 아니라, 10절 말씀대로, 인생의 목마름, 신앙의 목마름을 지니고 있는 여인에게 "생수"를 주어 그 목마름을 풀어주고 싶으셨던 것입니다. 그녀에게 생수를 주시고 싶어서 물을 달라고 요청하시며 부드럽게, 무리 없이 다가가신 것입니다.

생수가 가지고 있는 의미는 무엇일까요? 우리는 mineral water 정도로 생각할 것입니다. "생수", ὕδωρ ζῶν(휘도르 존)은 물을 의미하는 명사 ὕδωρ(휘도르)에 분사 ζῶν(존)이 연결되어 있습니다. ζῶν(존)은 '살다', '살게 하다'를 의미하는 동사 ζάω(자오)의 분사형으로서 '산', '살게 하는'의 의미를 지니고 있습니다. 특별히 동사 ζάω(자오)는 성경에서 신앙의 언어로서 사용될 때, 'come back to life'의 의미를 지니고 있습니다. '살게 하는 물', '생명을 주는 물'을 의미합니다. 주님께서 여인에게 주시는 말씀, 성도에게 주시는 말씀이 생수입니다. 주님의 말씀이 사람에게 생명을 주는 생명의 말씀입니다.

예수님께서 생수를 주고 싶어 하셨던 사마리아 여인에게는 두 가지의 목마름, 갈증이 있었습니다. 먼저, 그녀에게는 인생의 목마름이 있었습니다. 그녀는 다섯 남자와 살았습니다. 그리고 지금 또 한 명의 남자와 살고 있습니다. 그런데 지금 있는 자는 남편이 아니라고 합니다. 여섯 명의 남자와 살아야만 했던 여인의 삶을 엿볼 수 있습니다. 이 부분만 보고서, 사람들은 이 여인을 부도덕하고 부정한 여인이라고 말들을 합니다. 여인이 살았던 동네 사람들도 그녀를 그렇게 보았을 것입니다. 예수님께서 그런 여인에게 다가가셨습니다. 병든 자를 찾아가시고, 세리와 죄인을 찾아가시는 주님이십니다. 인생의 갈증을 가진 여인을 찾아가주셨습니다.

그러나 그녀는 부도덕하거나, 부정한 여인이 아니었던 것 같습니다. 그녀가 부도덕하고, 부정하다고 하기에는 그녀가 품었던 두 번째 갈증, 그녀의 신앙의 갈증이 너무나 대단하기 때문입니다. 부도덕한, 부정한 여인은 도저히 품을 수 없는 신앙의 목마름을 가지고 있었습니다. 사마리아 여인이 품었던 신앙의 갈증은 예배 장소에 대한 목마름이었습니다.

그녀는 이 산(그리심 산)에서 예배를 드려야 하는지, 아니면 유대인의 말대로 예루살렘에서 예배를 드려야 하는지 예배의 장소에 대한 갈증을 지니고 있었습니다. 25절에서는 메시아를 대망하고 있는 이 여인의 모습도 발견할 수 있습니다. 이 정도의 신앙의 갈증을 가진 여인이라면, 부정하거나 부도덕한 여인은 아닐 것입니다. 단순히 여섯 명의 남자와 살았다고 해서 그녀를 부정한 여인으로 낙인찍는 것은 너무나 성급한 생각입니다. 잘은 모르겠지만, 우리가 헤아리기 쉽지 않은 어떤 다른 이유 혹은 어떤 인생의 아픔이 그녀에게 있었던 것이 분명합니다.

생수를 주시는 예수님께서 여인의 신앙의 갈증, 예배 장소에 대한 갈증을 풀어주십니다. 예배 장소에 대한 갈증을 지녔던 것으로 보아, 이 여인은 진심으로 하나님께서 기뻐하시는 예배를 드리고 싶어 했던 여인입니다. 그래서 사마리아 사람들이 예배드리는 이 산 근처에 살며 예배를 드렸던 것입니다. 그런데 유대인들이 예루살렘에서 예배를 드려야 하나님께서 기뻐하시는 예배라고 주장하니, 모순되는 두 주장이 여인에게 갈증이 된 것입니다. 하나님께서 기뻐하시는 예배를 드리는 장소가 이 산인지, 예루살렘인지 알 수 없어 고민했던 것이 분명합니다.

이것이 이 여인의 갈증입니다. '어디서 예배를 드려야 하나님께서 기뻐하시는 예배를 드릴 수 있을까?' 하나님께서 기뻐하시는 예배를 추구하던 그녀의 모습을 엿볼 수 있습니다. 10절의, 예수님께서 이 여인에게 "물을 좀 달라"고 요청하셨던 의도가 "생수"를 주시기 위함이었던 것과 같이, 주님께서는 여인이 풀지 못한 예배의 장소에 대한 신앙의 갈증을 풀어줄 수 있는 생수를 주셨습니다. 주님께서 주신 이 말씀, 이 생수로 여인은 신앙의 해갈함을 얻게 됩니다.

> "하나님은 영이시니 예배하는 자가 영과 진리로 예배할지니라" πνεῦμα ὁ θεός, καὶ τοὺς προσκυνοῦντας αὐτὸν ἐν πνεύματι καὶ ἀληθείᾳ δεῖ προσκυνεῖν.(프뉴마 호 쎄오스, 카이 투스 프로스퀴눈타스 아우톤 엔 프뉴마티 카이 알래쎄이아 데이 프로스퀴네인, 24절)

예배를 드림에 있어서 가장 중요한 것은 "영과 진리로" 드리는 예배라고 말씀하셨습니다. 이 말씀은 장소가 소용없다는 말이 아닙니다. ἐν πνεύματι καὶ ἀληθείᾳ(엔 프뉴마티 카이 알래쎄이아), 전치사 ἐν(엔)은 영어 전치사 in으로 '~으로'(구격)와 '~안에'의 의미를 가집니다. 본문에서는 '~으로'의 의미로 해석하고 있습니다. 또한 '~안에'의 의미로 해석하여 '영과 진리 안에서' 예배드려야 한다는 말씀으로 해석할 수도 있습니다. 하나님의 뜻 안에서 드리는 예배가 하나님께서 기뻐하시는 예배입니다. 주님의 말씀, "영과 진리로-영과 진리 안에서"는 하나님께 성도가 드려야 할 예배의 범위, 예배의 기초입니다.

비록 사마리아 여인은 하나님께서 기뻐하시는 예배를 장소에서 찾으려는 실수(?)를 범했지만, 예수님께서는 하나님께서 기뻐하시는 예배를 추구하던 그녀의 갈증을 예쁘게 여겨주셨습니다. 그래서 장소가 아니라, "영과 진리로" 드리는 예배를 하나님께서 기뻐 받으시며, 이러한 예배가 성도가 마땅히 드릴(δεῖ-데이, should) 예배라고 바른 길을 알려주셨습니다. 엉뚱한 곳에서, 전혀 상관없는 곳에서 방황하던 여인이었지만, 하나님께 기쁨이 되기를 소원하며, 예배에 목말라하던 여인의 모습을 보시고 주님께서 그 갈증을 풀어주셨습니다.

여인은 자신의 지난 일을 모두 아시는 예수님을 선지자로 여겼지만, 신앙의 갈증을 풀어주신 예수님의 말씀을 듣고는 예수님께서는 선지자 정도가 아니라, 메시아이실 것이라는 믿음을 가지게 되었습니다. 그래서 25절에서 예수님께 메시아가 아니시냐며 우회적으로 물었습니다. 여인의 고백을 받으신 주님께서는 "네게 말하는 내가 그라"(26절)고 밝히 말씀해주셨습니다. 그러자 여인은 물동이를 버려두고 동네로 들어갔습니다. 신앙의 갈증을 풀어주신 메시아를 만난 여인은 환호하며 전도하러 동네로 뛰어 들어갔습니다. 신앙의 갈증을 오랫동안 품었던, 이 갈증으로 살아왔던 여인이 부도덕한, 부정한 여인은 아니었을 것입니다. 신앙의 목마름과 세상의 정욕이 함께하지는 않았을 것입니다.

그 당시 여인들에게 물동이는 재산 1호가 아니었을까요? 그 귀한 재산을 내팽개치고 동네로 들어갔습니다. 더구나 그때는 6절에서 보다시피, 여섯 시, 저녁 여섯 시였습니다. 저녁을 준비하기 위해 물을 길으러 왔을 텐데, 물동이도 버려두고 동네로 뛰어 들어갔습니다. 메시아를 만났다면, 물동이와 저녁이 중요하지 않아야 당연합니다. 메시아 되신 예수 그리스도를 만난 여인에게 물동이와 저녁은 중요하지 않았습니다. 이것이 메시아를 만난 여인의 반응입니다. 메시아를 만났다면, 예수 그리스도를 영접했다면, 그에게도 이런 반응이 있어야 합니다. 그래야 이 모습이 그가 예수 그리스도 메시아를 만났다는 것을 증거해줄 것입니다. 메시아를 만났다고 하면서 이런 반응이 없다면, 물동이와 저녁을 붙들고 있다면, 그의 입으로 메시아를 만났다고 할지라도, 사실은 메시아를 만나지 못했거나, 경솔혹은 거짓의 고백뿐일 것입니다.

그녀는 자신이 만난 메시아, 예수 그리스도를 증거하러 동네로 들어갔습니다. 여섯 명의 남자와 살았다고 자신에게 손가락질하는 동네 사람들에게 달려갔습니다. 자신이 만난 메시아, 자신을 만나주신 예수 그리스도를 자신에게 손가락질하는 동네 사람들에게 증거하고자 했던 여인의 아름다운 마음을 볼 수 있습니다. 결코 부정한 여인은 아니었을 것입니다. 우리가 헤아리기 힘든 어떤 삶의 눈물이 있는 여인입니다.

동네로 뛰어 들어간 여인은 "와서 보라(δεῦτε ἴδετε-듀테 이데테, 29절)"고 전도했습니다. 한 여인의 전도를 통해 많은 사람들이 예수님을 믿었습니다. 한 여인의, 그것도 여섯 명의 남편과 살았던 그래서 부도덕한 여인이라고 여겼던 여인의 메시아 증거를 듣고 사람들이 예수님께 나왔다면, 이 사마리아 여인의 전도가 얼마나 간절하고 강권하는 전도였을지 상상할 수 있습니다. 메시아 예수 그리스도를 만난 감격이 그녀를 그렇게 전도하게 했던 것입니다. 그녀의 강권하는 전도에는 그녀가 예수 그리스도를 만난 기쁨이 고스란히 녹아 있습니다.

한편으로, 사마리아 여인의 전도를 듣고 예수님께 나온 사람들도 메시아를 사모했던 사람들인 것 같습니다. 부정하다고 생각했던 여인의 이야기였지만, 메시아 예수 그리스도를 만났다는 전도에 발걸음을 떼지 않을 수 없었던 것입니다. 예수님께 나온 사람들은 이제 단순히 한 여인의 증거만 믿지 않았습니다. 42절을 보십시오. 그들은 친히 예수님의 말씀을 들었습니다. 그리고 직접 확인하여 예수님을 메시아로 고백하였습니다. 사마리아 여인, 전도자는 사람들을 예수님께 인도해서 그들이 예수님의 말씀을 듣도록 해야 합니다. 참다운 신앙은 예수님의 말씀으로만 세워지기 때문입니다.

"수가"는 대망하던 메시아, 예수 그리스도를 만나고 믿은 축복받은 동네가 되었습니다. "수가"의 축복은 한 여인에게서 시작되었습니다. 한 여인의 신앙의 갈증에서 비롯되었습니다. 예배에 대한 갈증, 하나님께서 기뻐하시는 예배를 드리기를 소원하던 갈증과 메시아를 대망하던 갈증을 지닌 한 여인의 해갈함을 통하여 축복의 동네가 되었습니다.

저와 여러분, 우리가 예배에 대한 갈증, 하나님께서 기뻐하시는 예배를 드리기 소원하는 갈증과 메시아 예수 그리스도의 임재를 간절히 사모하는 갈증을 품어야 할 이유가 여기 있습니다. 누가 될지는 모르지만, 이 신앙의 갈증을 가진 그를 통하여 우리 교회가 2천년 전 사마리아의 "수가"가 될 수 있습니다. 바라기는 '내가 사마리아 여인이 되어 신앙의 갈증, 예배의 갈증, 예수 그리스도에 대한 갈증으로 기도하여, 주님을 만나고, 이 감격으로 물동이와 저녁을 버려두고 전하고 증거하여, 예수 그리스도의 교회를 세우리라!'는 거룩한 갈증을 사모하기를 바랍니다.

오늘 여러분의 삶에는 갈증이 있습니까? 실제로 많은 인생의 갈증이 있을 것입니다. 그런데 신앙의 갈증도 있습니까? 예배에 대한 갈증이 있습니까? 하나님께서 기뻐하시는 예배를 드려야 한다는 고집과 강박관념과도 같은 갈증이, 메시아 되신 예수 그리스도에 대한 갈증이 우리에게 있습니까? 주님께서 우리를 만나주지 않으신 것이 아니라, 우리가 이 거룩한 신앙의 갈증을 품고 있지 못하기에 주님께서 오셔도 그냥 보내고, 그냥 보내고, 그렇게 주님을 우리가 외면한 것은 아닙니까?

여인이 예수 그리스도, 메시아를 만날 수 있었던 것은 신앙의 갈증이 있었기 때문입니다. 이 갈증이 그녀의 삶의 초점을 하나님께서 기뻐하시는 예배와 메시아에 맞추게 했고, 예수님께서 곁에 오셨을 때 그 귀한 기회를 놓치지 않고 단번에 꼭 붙들게 했습니다. 만일 사마리아 여인에게 이러한 신앙의 갈증이 없었다면, 메시아이신 예수 그리스도께서 분명 곁에 오셔서 말씀하고 계셨지만 그녀는 알지 못하였을 것이고, 잘하면 물 한 바가지 드리고는 예수님을 떠나보내고 말았을 것입니다. 갈증이 있어야 주님께서 오셨을 때, 알아차리고 붙들고 모실 수 있습니다.

세상에서도 삶의 갈증이 있는 사람이 꿈을 이루고 성공한다고 합니다. 신앙이야 말해 무엇 하겠습니까? 갈증이 있는 성도가 예수 그리스도를 만나고, 하나님께서 기뻐하시는 예배를 드릴 수 있습니다. 예배와 메시아이신 예수 그리스도를 만나고자 하는 갈증은 목마름의 고통이 함께하겠지만 축복의 갈증, 예수 그리스도를 발견하여 붙들게 하는 통로가 되어줄 것입니다. 영적인 신앙의 갈증의 고통은 마치 자신의 몸속으로 들어온 모래 알갱이를 품어야 하는 조개의 아픔과 같은 아픔이며 슬픔입니다. 그러나 이 아픔과 슬픔이 아름다운 진주를 만들어내듯이, 성도의 신앙의 갈증이 신앙의 진주를 만들어내는, 아니 신앙의 진주를 발견하게 하는 거룩한 아픔임을 기억해야 합니다. 아픔 없이, 갈증 없이 진주를 발견하고 얻을 수 없습니다.

이 갈증으로 메시아이신 예수 그리스도를 만나, 주님께서 주시는 생수, 하나님께서 기뻐하시는 예배와 신앙으로 살아가는 복된 성도가 되기를 기도합니다.

영과 진리로 드리는 예배

하나님을 만나는 예배

πνεῦμα ὁ θεός, καὶ τοὺς προσκυνοῦντας αὐτὸν ἐν πνεύματι καὶ ἀληθείᾳ δεῖ προσκυνεῖν. 프뉴마 호 쎄오스, 카이 투스 프로스퀴눈타스 아우톤 엔 프뉴마티 카이 알래쎄이아 데이 프로스퀴네인.

"우리 조상들은 이 산에서 예배하였는데 당신들의 말은 예배할 곳이 예루살렘에 있다 하더이다 예수께서 이르시되 여자여 내 말을 믿으라 이 산에서도 말고 예루살렘에서도 말고 너희가 아버지께 예배할 때가 이르리라 너희는 알지 못하는 것을 예배하고 우리는 아는 것을 예배하노니 이는 구원이 유대인에게서 남이라 아버지께 참되게 예배하는 자들은 영과 진리로 예배할 때가 오나니 곧 이 때라 아버지께서는 자기에게 이렇게 예배하는 자들을 찾으시느니라 하나님은 영이시니 예배하는 자가 영과 진리로 예배할지니라"(요한복음 4장 20~24절)

사마리아인들은 예배드릴 곳이 "이 산", 곧 그리심 산(신 27:12)이라고 믿었습니다. 사마리아 사람들은 아브라함이 이삭을 번제로 바치려 한 산이 그리심 산이라고 믿었습니다. 그러나 유대인들은 예루살렘에서 예배드려야 한다고 합니다. 유대인들은 아브라함이 이

삭을 번제로 바치려 한 산이 예루살렘이라고 믿었습니다. 사마리아인과 유대인의 다툼의 중심에 '예배의 장소'가 있습니다. 유대인들과 사마리아인들은 예배에 있어서 장소가 가장 중요한 요소, 본질이라고 믿었습니다.

사마리아인들과 유대인들의 이러한 주장은 20절을 통해서도 살펴볼 수 있습니다. οἱ πατέρες ἡμῶν ἐν τῷ ὄρει τούτῳ προσεκύνησαν· καὶ ὑμεῖς λέγετε ὅτι ἐν Ἱεροσολύμοις ἐστὶν ὁ τόπος ὅπου προσκυνεῖν δεῖ.(호이 파테레스 해몬 엔 토 오레이 투토 프로스퀴내산 · 카이 휘메이스 레게테 호티 엔 헤로솔뤼모이스 에스틴 호 토포스 호푸 프로스퀴네인 데이.) 20절 마지막에 표현된 δεῖ(데이)는 '당연과 의무'를 나타내는 비인칭 동사입니다. 사마리아 여인의 말을 통해 당시 사마리아인들은 이 산, 그리심 산에서 예배드리는 것이 당연하다고, 그리심 산에서만 예배드려야 한다고 믿었습니다. 반대로 유대인들은 반드시 예루살렘에서만 예배드려야 한다고 믿었습니다. 예수님께서 두 본질(주장) 사이에서 혼동하는 사마리아 여인에게 말씀하셨습니다.

"이 산에서도 말고 예루살렘에서도 말고…."(요한복음 4장 21절)

예배의 본질은 그리심 산이나 예루살렘과 같은 장소에 있지 않다고 말씀하셨습니다. 장소가 중요하지 않다는 말은 아닙니다. 하나님께 드리는 예배에 있어서 장소보다 더 중요한 본질적인 요소가 있다는 말씀입니다. 사마리아인들이나 유대인들은 이러한 예배의 본질을 놓치고 말았습니다. 그런 사람들이었기에 예수님께서는 그리심 산을 주장하는 사마리아인들이나, 예루살렘을 주장하는 유대인들 모두 "알지 못하는 것을" 예배하는 자들이라고 말씀하셨습니다(22절).

23절을 보면, 아버지께 드리는 참된 예배는 장소의 문제가 아니라, "영과 진리로 드리는 예배"입니다. 영과 진리로 예배드리는 성도는 "아는 것을 예배"하는 성도입니다. 하나님께서 예배 가운데 무엇을 원하시는지 잘 알고 예배드리는 성도입니다. 어떻게 예배드려야 하는지 알고 예배드리는 성도입니다. 이런 예배를 드리는 자가 "유대인"입니다. 그리고 하나님의 구원은 바로 이러한 유대인, 하나님께서 원하시는 영과 진리의 예배를 드리는 자들에게 주어지는 은혜라고 말씀합니다. 여기서 유대인은 '유대 민족'을 의미하지 않습니다. 예수님께서 말씀하신 유대인은 '영적인 유대인', 하나님께 영과 진리로 예배드리는 하나님의 백성을 의미합니다.

"영과 진리로"라는 표현이 23절과 24절에 나옵니다. ἐν πνεύματι καὶ ἀληθείᾳ(엔 프뉴마티 카이 알래쎄이아), 전치사 ἐν(엔)은 여러 의미를 가지고 있습니다. 그 중에 하나는 '~안에'를 의미합니다. 유대인들은 예배의 장소가 예루살렘 안에(ἐν-엔) 있다고 주장하고, 사마리아인들은 이 산, 그리심 산 안에(ἐν-엔) 있다고 주장합니다. 그러나 예수님께서는 예배의 본질은 장소 안에 있는 것이 아니라, 영과 진리 안에(ἐν-엔) 있다고 말씀하셨습니다. 장소 안에서 예배를 찾으려 했던 자들에게 장소가 아니라, 영과 진리 안에서(ἐν-엔) 예배를 찾아야 한다고, 장소에서 드려지는 예배보다, 영과 진리 안에서 드려지는 예배여야 한다고 말씀하셨습니다.

하나님께서는 영이십니다(24절). 그러므로 예배하는 자는 영과 진리로 예배드려야 합니다. πνεῦμα ὁ θεός, καὶ τοὺς προσκυνοῦντας αὐτὸν ἐν πνεύματι καὶ ἀληθείᾳ δεῖ προσκυνεῖν.(프뉴마 호 쎄오스, 카이 투스 프로스퀴눈타스 아우톤 엔 프뉴마티 카이 알래쎄이아 데이 프로스퀴네인.) δεῖ προσκυνεῖν(데이 프로스퀴네인) δεῖ(데이)는 20절에서 살펴보았듯이 '당연과 의무'를 나타내는 비인칭 동사입니다. προσκυνεῖν(프로스퀴네인)은 '예배드리다', '경배드리다'를 의미하는 προσκυνέω(프로스퀴네오)의 부정사로서, '(영과 진리로) 예배드리는 것이 마땅하다. 당연하다.'는 말입니다.

왜 "영과 진리로" 예배를 드려야 할까요? 성경을 통해 볼 때, 예배는 하나님과의 만남의 사건입니다. 하나님께서 기뻐하시고 요구하시는 예배 역시 만남의 예배입니다. 하나님과 성도가 만나는 예배가 되어야 합니다. 모세와 이스라엘 백성이 하나님께서 명령하신 대로 성막의 모든 역사를 마쳤을 때, 여호와의 영광이 회막에 덮이고 성막에 충만했습니다(출 40:34). 이는 여호와께서 성막을 통해 이스라엘 백성과 만나주시겠다는 약속입니다. 예수님께서도 두세 사람이라 할지라도 예수님의 이름으로 예배드리면 그곳에 예수님께서 함께하시겠다고 말씀하셨습니다(마 20:18). 예배를 통해 만나주시겠다고 약속하셨습니다. 예배는 하나님과 성도의 만남의 시간, 만남의 장소입니다. 하나님과의 만남이 예배의 본질입니다.

하나님을 만나는 예배, 하나님께서 만나주시는 예배를 드려야 합니다. 예루살렘이나 그리심 산이라는 장소만을 고집했던 예배는 하나님과의 만남을 소홀하게 했습니다. 하나님께서 가장 기뻐하시는 예배를 알아보지 못하고 외면해 버리고만 것입니다. 이사야 1장을 보면, 하나님께서는 만남이 없는 제사를 싫어하십니다. 만남이 없는 제사라면, 무수한 제물과 숫양의 번제와 살진 짐승의 기름, 수송아지나 어린 양이나 숫염소의 피가 아무 소용없다고 말씀합니다(사 1:11). 하나님과의 만남이 없는 예배는 마당만 밟고 가는 것일 뿐입니다(12절). 그런 예배는 하나님께서 가증히 여기시고 싫어서 견디지 못합니다(13절). 오히려 하나님께 무거운 짐이 될 뿐이며, 하나님께서 지시기에 곤비할 뿐이라고 말씀합니다(14절).

> "여호와께서 말씀하시되 오라 우리가 서로 변론하자 너희의 죄가 주홍 같을지라도 눈과 같이 희어질 것이요 진홍 같이 붉을지라도 양털 같이 희게 되리라"(이사야 1장 18절)

하나님께서 "오라"고 말씀하십니다. 만나자는 말씀입니다. 예배의 모든 관심과 초점을 하나님과의 만남에 두어야 합니다. 하나님을 만나는 예배, 하나님께서 만나주시는 예배는 "영과 진리로 드리는 예배"라고 말씀하십니다. 그래서 성도가 "영과 진리로" 예배드리는 것이 성도의 의무(δεῖ-데이)라고 말씀하셨습니다.

하나님께서는 영이십니다(24절). 영, πνεῦμα(프뉴마)는 '정신'이라고 표현할 수 있습니다. 영은 하나님과 교제할 수 있는 단 하나의 통로입니다. 하나님을 만날 수 있는 단 하나의 통로입니다. 하나님의 정신, 하나님의 마음으로 예배드려야 하나님과 만나고 교제할 수 있습니다. 또한 하나님께서는 진리이십니다. 하나님의 말씀, 하나님의 뜻이 진리입니다. 하나님의 뜻, 하나님의 말씀 안에서 예배드려야 하나님을 만날 수 있습니다.

하나님께 영광을 돌리고, 하나님을 기쁘시게 하는 예배가 하나님께서 기뻐하시는 예배입니다. 하나님께서 기뻐하시는 예배는 제사의 제물 정도가 아닙니다. 황소를 드림보다 진정한 예배를 기뻐하시는 하나님이십니다. 제물을 넘어서 예배드리는 성도의 중심, 하나님을 만나기를 사모하고 간구하는 영혼으로 드리는 예배, 하나님의 음성 듣기를 소원하는 간절함으로 드리는 예배를 기뻐하십니다. 그리고 이런 예배 가운데 임재하셔서 만나주시고, 말씀해주십니다. 영과 진리로 예배를 드려 하나님을 만나는, 하나님의 거룩한 음성을 듣는 복된 성도가 되시기를 기도합니다. 물론 영과 진리로 예배드리는 성도는 황소를 드림으로, 황소보다 더 귀하고 좋은 것을 드림으로 예배드릴 것입니다.

하나님을 뵙지 못하는, 하나님의 음성을 담지 못하는 예배는 마당만 밟을 뿐입니다. 하나님께서는 영과 진리이십니다. 영과 진리는 하나님을 뵙는 통로입니다. 하나님의 음성을 듣는 귀입니다. 영과 진리의 예배로 하나님을 뵐 수 있습니다. 하나님을 뵙는, 하나님께 나아가는 영과 진리의 예배자, 복된 성도가 되기를 기도합니다.

모세의 고발

ἔστιν ὁ κατηγορῶν ὑμῶν Μωϋσῆς, εἰς ὃν ὑμεῖς ἠλπίκατε 에스틴 호 카태고론 휘몬 모위새스, 에이스 혼 휘메이스 앨피카테, 너희가 간절히 소망해 온 자, 곧 너희의 모세가 고발하는 자이다.

"내가 너희를 아버지께 고발할까 생각하지 말라 너희를 고발하는 이가 있으니 곧 너희가 바라는 자 모세니라 모세를 믿었더라면 또 나를 믿었으리니 이는 그가 내게 대하여 기록하였음이라 그러나 그의 글도 믿지 아니하거든 어찌 내 말을 믿겠느냐 하시니라"(요한복음 5장 45~47절)

모세는 최고의 지도자입니다(민 12:3). 히브리 민족을 출애굽 시켰으며, 하나님의 율법을 이스라엘에 전했습니다. 이스라엘에 있어서 모세의 역할이 이러하기에 성경에 등장하는 모세의 지위도 절대적입니다. 그래서인지 신약성경 곳곳에서는 여호와 하나님의 종교인 유대교가 마치 모세의 종교가 아닌가 생각될 정도로 비춰집니다.

성경 곳곳에서 율법을 "모세의 율법"이라고 표현합니다. 우리에게도 익숙한 표현이기에 전혀 귀에 거슬리지 않게 들립니다. 그러나 율법은 하나님께서 모세를 통해서 주신 "여호와 하나님의 율법"

입니다. 모세는 단지 율법의 전달자에 지나지 않음을 잘 새겨야 합니다. 예수님께서도 "모세의 율법"이란 표현을 사용하셨습니다. 유대인들이 모세를 향하여 가진 이러한 태도를 반영하신 표현이지, 율법이 모세의 율법임을 말씀하시는 것은 아닙니다. 유대인들은 만나도 모세가 준 것으로 알고 있었습니다. 그러나 예수님께서는 "… 모세가 너희에게 하늘로부터 준 것이 아니라 내 아버지께서 너희에게 하늘로부터 참 떡을 주시나니"(요 6:32)라고 모세의 위치가 전달자의 위치임을 확실하게 선을 그으셨습니다. 율법에 대한 모세의 위치 역시 같은 생각이셨습니다.

또한 유대인들은 자신들에게 있어서 가장 큰 영광을 모세와 연결하고 있습니다. 요한복음 9장 28절, "그들이 욕하여 이르되 너는 그의 제자이나 우리는 모세의 제자라." 유대인들에게는 "모세의 제자"라는 것이 가장 큰 영광이었습니다. 사실은 하나님의 백성인 것이 가장 큰 영광이어야 할 텐데, 그들은 모세의 제자인 것을 가장 큰 영광으로 삼고 있습니다. 곳곳에서 보이듯, 유대인들은 모세를 하나님의 자리에 세워놓았습니다.

유대인들이 스데반을 올무에 걸기 위하여 누명을 씌울 때에도 모세가 거론되었습니다. 사도행전 6장 11절입니다. "사람들을 매수하여 말하게 하되 이 사람이 모세와 하나님을 모독하는 말을 하는 것을 우리가 들었노라 하게 하고" 하나님을 모독했다면 이해가 될 텐데, 거기에 모세를 모독했다고 나란히 추가하였습니다. 이로 보아 유대인들은 모세를 모독하는 것을 하나님을 모독하는 것과 동일하게 여긴 것 같습니다. 유대인들이 모세를 하나님과 나란히 세운 것으로 볼 때, 오히려 유대인들의 마음은 모세에게 가 있었던 것 같습니다. 그래서 예수님께서는 "다만 하나님을 사랑하는 것이 너희 속에 없음을 알았노라"(요 5:42)고 말씀하셨습니다.

심지어 바리새파였다가 개종하여 예수님을 믿은 어떤 사람에게도 모세의 흔적은 지워지지 않고 남아 있습니다. 사도행전 15장 5절입니다. "바리새파 중에 어떤 믿는 사람들이 일어나 말하되 이방인에게 할례를 행하고 모세의 율법을 지키라 명하는 것이 마땅하다 하니라." 구원의 기준이 예수 그리스도가 아니라, 모세의 율법이라고 믿고 있습니다.

유대인들에게 있어서 모세가 어떤 존재였는지를 잘 보여주는 본문들입니다. 모세는 유대인들에게 대단한 영향력을 끼치고 있습니다. 예수님께서도 이러한 사실을 잘 아셨습니다. 그래서 "…곧 너희가 바라는 자 모세니라"(요 5:45)라고 말씀하셨습니다. 예수님께서 보시기에도 '모세는 유대인들이 바라는 자'였습니다. 여기서 '바라다'는 의미로 예수님께서 사용하신 동사 ἠλπίκατε(앨피카테, 기본형, ἐλπίζω-엘피조, 명사, ἐλπίς-엘피스)는 신약성경 안에서 하나님의 약속을 소망할 때, 신앙의 소망을 의미할 때, 예수 그리스도의 신앙을 소망할 때, 이와 같이 주로 신앙과 관련되어 사용된 표현입니다(롬 8:24~25, 고후 1:10, 딤전 4:10, 5:5, 벧전 3:5 등). 그러므로 예수님께서 이 표현을 사용하신 것은 유대인이 모세를 신앙하고 있음을 지적하여 말씀하신 것입니다. 유대인들은 모세를 신앙하였습니다.

"…곧 너희가 바라는 자 모세니라"(요 5:45)의 원문의 표현은 다음과 같습니다. ὃν ὑμεῖς ἠλπίκατε(혼 휘메이스 앨피카테), '너희가 소망해

온 자 모세', 유대인들이 모세를 소망해왔다고 예수님께서 말씀하십니다. ἠλπίκατε(엘피카테)는 완료형입니다. 과거로부터 이 시점까지, 곧 지금까지 그렇게 계속하여 변함없이 모세를 소망해온, 신앙해온 유대인들의 모습이 예수님의 눈에 비쳤습니다. 유대인들에게 모세는 언제나 소망의, 신앙의 대상이었습니다.

신앙은 오직 한 분 하나님께만 드려야 할 예배이며 경배입니다. 아무리 훌륭하다 할지라도 모세는 하나님의 종, 대언자, 전달자일 뿐입니다. 이 관계를 잊어서는 안 됩니다. 비단 모세뿐 아니라 그 어느 누구도 예배와 경배의 대상은 아닙니다. 그런데 유대인은 이 관계를 잊었습니다. 오히려 모세를 신앙하였습니다. 그들은 모세를 하나님의 자리에 세웠습니다.

모세는 이스라엘의 위대한 지도자로서 분명 존경받아 마땅한 인물입니다. 그러나 경배(예배)는 다릅니다. 경배(예배)와 존경은 반드시 구별되어야 합니다. 유대인들은 하나님 예배(경배)와 모세 존경을 구별하지 못했습니다. 모세를 경배(예배)하며 하나님을 사실상 예배하지 않았습니다. 예수님께서 유대인, 유대교의 이 불신앙을 보시고 안타까워하셨습니다. 아마도 천국에 있는 모세는 당장에라도 내려오고 싶었을 것입니다. 그가 살아 있었다면, 그는 당장 옷을 찢고 호통을 치며 유대인들을 말렸을 것입니다. 루스드라 사람들이 바울과 바나바에게 제사를 드리려고 했을 때, 바울과 바나바가 옷을 찢고 소리 지르며 루스드라 사람들을 말렸던 것과 같이 말렸을 것입니다(행 14:8~18).

모세는 하나님의 대언자였습니다. 하나님의 종이었고, 하나님의 말씀과 율법을 전한 전달자였습니다. 이스라엘 백성들은 모세를 통하여 하나님을 만날 수 있었고, 모세를 통하여 하나님께 나아갈 수 있었습니다. 이스라엘 백성을 하나님께 인도하는 것이 그의 사명이었습니다. 이 사명을 감당한 모세는 자신의 사명을 여호수아에게 넘기고 사라졌습니다. 하나님께서는 모세의 무덤도 남기지 않으셨습니다. 하나님께서 모세를 사라지게 했습니다. 세상 그 어느 누구도 하나님께서 주신 사명을 다 감당한 후에는 털끝만큼의 미련도 없이 손을 떼고 사라져야 합니다. 그래서 성도는 사명에 살고 사명에 죽어야 한다고, 그런 존재로 살아야 한다고 말합니다.

유대인들이 어리석어서 모세를 경배(예배)한 실수를 우리는 어떤 종교에서도 볼 수 있습니다. 그들은 예수님이 아닌 다른 어떤 이를 숭배합니다. 예수님의 말씀이 아니라, 높은 지위에 있는 사람의 말을 믿고, 오히려 그들의 말과 교훈을 성경보다 더 권위 있게 여깁니다. 모세를 대하던 유대인들의 어리석음과 하나도 다를 것이 없습니다. 저와 여러분, 우리가 경계하고 또 경계해야 할 신앙의 함정입니다. 예배와 경배를 받으실 분은 오직 한 분 하나님이심을 잊지 말아야 합니다. 아무리 훌륭한 목사님이 있어도, 그 어떤 누가 있어도 주님께서 주신 사명 안에서 존경해야 할 뿐이지, 결코 그 이상도 그 이하도 아님을 잘 기억해야 합니다. 세상에 주 예수 보다 더 귀한 것이 없음을 마음과 영혼에 새겨야 합니다.

여호와 하나님 신앙에서 벗어나 모세를 소망하고 신앙하는 안타까운 유대교와 유대인의 이러한 현실은 누구의 잘못일까요? 결코 모세의 잘못은 아닙니다. 오히려 모세는 가장 억울한 사람입니다.

모세는 이스라엘 백성들에게 결코 자신을 경배하라고 요구하거나 가르치지 않았습니다. 모세는 오직 여호와만 섬기라고 가르치고 교훈하였습니다. 모세의 이러한 교훈은 그의 사명을 이어받은 여호수아의 고백에서 살펴볼 수 있습니다. 여호수아가 고백하지만, 모세가 가르친 교훈이기에 또한 모세의 고백입니다.

> "그러므로 이제는 여호와를 경외하며 온전함과 진실함으로 그를 섬기라 너희의 조상들이 강 저쪽과 애굽에서 섬기던 신들을 치워 버리고 여호와만 섬기라 만일 여호와를 섬기는 것이 너희에게 좋지 않게 보이거든 너희 조상들이 강 저쪽에서 섬기던 신들이든지 또는 너희가 거주하는 땅에 있는 아모리 족속의 신들이든지 너희가 섬길 자를 오늘 택하라 오직 나와 내 집은 여호와를 섬기겠노라 하니"(여호수아 24장 14~15절)

그런데 유대인들이 모세의 이러한 교훈을 잊었습니다. 그리고 모세를 경배하고 말았습니다. 아마 모세는 지금도 천국에서 하나님 앞에서 고개를 들지 못하고 있을 것입니다. 유대교와 유대인이 이렇게 된 것이 자신의 잘못은 아니었지만, 그러나 모세 정도의 사람이라면, 그것조차도 자신의 잘못이라고, 어찌 되었든 이스라엘을 여호와 하나님만 바라보는 하나님의 백성으로 세우지 못한 것이 자신의 잘못이라고 분명 자책하고 회개할 것입니다.

예수님께서도 모세에게 잘못이 없다는 것을 잘 아셨습니다. 그래서 예수님께서 모세를 변호하셨습니다. "내가 너희를 아버지께 고발할까 생각하지 말라 너희를 고발하는 이가 있으니 곧 너희가 바라는 자 모세니라"(요 5:45) 여호와 하나님 신앙에 견고하게 서 있지 못한 유대인들을 고발하는 이가 바로 유대인들이 소망해온 자 모세라고 말씀하셨습니다. 모세가 유대인들을 고발하는 이유는 자신이 가르치고 인도한 대로 따르지 않고, 오히려 정반대로 자신을 경배하여, 자신을 여호수아 24장 14~15절에 말씀하고 있는 것과 같이 우상으로 만들어버렸기 때문입니다. 예수님께서는 유대인들로 인하여 가장 억울한 사람이 바로 모세라는 것을 잘 아셨습니다. 그래서 예수님께서 모세를 변호해주신 것입니다.

예수님께서 모세가 유대인을 고발한다고 말씀하셨습니다. "고발"이라는 표현인 κατηγορῶν(카태고론, 기본형, κατηγορέω-카태고레오)은 '~에 반대하여', 'against'를 의미하는 전치사 κατά(카타)와 '저자', '장터', '시장'을 의미하는 명사 ἀγορά(아고라)가 합성된 단어입니다. 그 당시 '저자', '장터', '시장'은 '집회' 장소였습니다. 또한 '재판'의 장소였습니다. 이러한 예는 사도행전 16장 19절에서 잘 살펴볼 수 있습니다. "여종의 주인들은 자기 수익의 소망이 끊어진 것을 보고 바울과 실라를 붙잡아 장터로 관리들에게 끌어갔다가" 여종의 주인들은 바울과 실라를 "장터로"(εἰς τὴν ἀγορὰν-에이스 탠 아고란) 끌어갔습니다. 장터에는 관리들이 있었습니다. 여종의 주인들이 바울과 실라를 장터(ἀγορά-아고라)에 있는 관리들에게 데려가 고소, 고발한 것입니다.

그래서 κατηγορέω(카태고레오)는 '공식적인 고소, 재판'을 의미하게 되었습니다. 모세가 유대인을 고발한다는 것은 정식으로 고소한다는 말입니다. 예수님께서는 모세가 유대인들의 잘못에 대하여 강경하게 대응할 것이라고 말씀하십니다. 모세가 유대인을 고발하는 것은 자신의 책임을 피하기 위해서가 아닙니다. 유대인들의 어리석은 신앙으로 인하여 가장 피해를 입은 이가 바로 모세이기에 강력하게 고발하는 것입니다. 그 고발을 통하여 그들의 잘못을 일깨워주고자 하는 것입니다.

세상에서 가장 훌륭한 지도자인 모세도 경배와 예배의 대상이 아닙니다. 그러하기에 세상 어느 누구도 경배와 예배의 대상이 될 수 없습니다. 오직 한 분 하나님, 예수 그리스도께서만 우리의 예배의 대상이십니다. 히브리서 12장 2절은 "믿음의 주요 또 온전하게 하시는 이인 예수를 바라보자…."라고 말씀합니다. 우리가 바라보아야 할 분은 오직 예수 그리스도이신 줄 믿습니다.

히브리서 12장 2절의 원문 ἀφορῶντες εἰς τὸν τῆς πίστεως ἀρχηγὸν καὶ τελειωτὴν Ἰησοῦν(아포론테스 에이스 톤 태스 피스테오스 알캐곤 카이 텔레이오탠 예순) 중에서 "예수를 바라보자", ἀφορῶντες εἰς…Ἰησοῦν(아포론테스 에이스…예순)은 '오직 우리의 눈을 예수 그리스도께만 고정하자.'는 말씀입니다. 성도의 눈을 다른 것에 고정해서는 안 됩니다. 빼앗겨서도 안 됩니다. 그것이 모세라 할지라도, 신앙의 한눈을 팔아서는 안 된다고 말씀합니다. 오직 예수 그리스도만 바라보는, 예배하고 경배하는 신앙이 되어야 합니다.

성도에게 믿음의 대상은 오직 한 분 하나님, 예수 그리스도이십니다. 이 세상 그 어떤 것도 예배와 경배의 대상이 아님을 결코 잊지 말아야 합니다. 그렇게 훌륭했지만, 모세도 신앙의 대상이 될 수 없습니다. 조상도, 인기와 명예도 그 어떤 것도 결코 우리의 신앙,

우리의 소망이 될 수 없습니다. 그것에 우리의 눈을, 시선을 돌리거나, 혹은 빼앗겨서는 안 됩니다. 우리에게 주 예수보다 더 귀한 것이 없음을 기억하며 고백하는 삶을 사시는 복된 하나님의 백성, 예수 그리스도의 제자와 일꾼이 되기를 기도드립니다.

영생의 말씀이 예수님께 있습니다

Κύριε, πρὸς τίνα ἀπελευσόμεθα; ῥήματα ζωῆς αἰωνίου ἔχεις 퀴리에, 프로스 티나 아펠류소메싸? 래마타 조애스 아이오니우 에케이스

"그 때부터 그의 제자 중에서 많은 사람이 떠나가고 다시 그와 함께 다니지 아니하더라 예수께서 열두 제자에게 이르시되 너희도 가려느냐 시몬 베드로가 대답하되 주여 영생의 말씀이 주께 있사오니 우리가 누구에게로 가오리이까 우리가 주는 하나님의 거룩하신 자이신 줄 믿고 알았사옵나이다"(요한복음 6장 66~69절)

본문 말씀은 앞부분, 요한복음 6장에 기록된 예수님의 오병이어 기적과 연결해서 살펴보아야 합니다. 예수님께서 보리떡 다섯 개와 물고기 두 마리로 오천 명을 먹이셨습니다. 그러고도 열두 바구니의 조각이 남아서 거두었습니다. 오병이어의 기적을 바로 그 현장에서 목격한 무리들이 얼마나 놀랐겠습니까! 놀라운 기적을 목격한 무리들은 14절에서 이렇게 고백했습니다. "그 사람들이 예수께서 행하신 이 표적을 보고 말하되 이는 참으로 세상에 오실 그 선지자라" 예수님을 "참으로 세상에 오실 그 선지자", 곧 메시아라고 고백하였습니다. 훌륭한 신앙고백입니다.

분명 우리의 눈에는 훌륭한 신앙고백으로 보입니다. 그런데 예수님께서는 무리들의 고백을 받지 않으셨습니다. 예수님의 눈에는 저들의 고백이 신앙고백이 아니었던 것입니다. 본문을 조금만 더 살펴보면, 무리들의 고백이 신앙고백이 아니었음을 알 수 있습니다. 15절입니다. "그러므로 예수께서 그들이 와서 자기를 억지로 붙들어 임금으로 삼으려는 줄 아시고 다시 혼자 산으로 떠나가시니라"

예수님을 "참으로 세상에 오실 그 선지자", 곧 메시아로 고백했던 무리들이 예수님을 임금으로 삼으려고 했습니다. 사실 여기까지만 봐서는 그들의 속내를 정확히 알 수 없습니다. 그런데 예수님을 임금으로 모시겠다면서 예수님을 억지로 붙들었습니다(ἁρπάζω-하르파조). 임금으로 모시려는 분을 어떻게 억지로 붙들고 강제할 수 있습니까? 이런 모습으로 보아 무리들은 예수님을 임금으로 모시고 삼으려고 한 것이 아니라, 자신들의 정치적인 목적을 위해 이용하려고 했던 것이 분명합니다. 이들은 예수님을 이용하여 빌라도를 내쫓고 정치적 독립을 꾀하고자 했던 무리였다고 합니다. 오병이어의 기적을 베푸신 예수님의 존재는 저들에게는 너무나 좋은 선전거리였습니다.

예수님께서는 저들의 말과 겉모습만이 아니라, 이런 의도까지 보셨기에 저들을 외면하신 것입니다. 겉으로는 훌륭한 믿음의 고백처럼 보이지만, 그 고백의 중심까지 보시는 주님께는 결코 믿음의 고백이 아니었습니다. 예수님의 눈이 이와 같으십니다. 그러기에 성도는 사람에게 대충 인정받는 정도의 믿음을 세워야 하는 것이 아니라 정확하시고 빈틈없으신 주님께 인정받을 수 있는 신앙을 세워야 합니다. 또한 예수님처럼 중심까지 볼 수 있는 분별의 영적인 눈을 지녀야 합니다. 그래야 혼동과 무질서의 세상, 이단이 극성을 떠는 세상 속에서 하나님의 길, 진리의 길을 찾아 걸을 수 있습니다.

15절의, "혼자 산으로" 떠나가신 예수님의 모습을 통해서도 무리의 고백을 외면하신 예수님의 마음을 읽을 수 있습니다. 예수님께서는 무리의 환호와 인기를 뒤로 하고 홀로 떠나셨습니다. 그렇다면 함께 있었던 제자들은 어떻게 된 것일까요? 제자들은 어디로 갔을까요? 오병이어의 기적을 기록하고 있는 병행 본문인 마태복음 14장 22~23절입니다. "예수께서 즉시 제자들을 재촉하사 자기가 무리를 보내는 동안에 배를 타고 앞서 건너편으로 가게 하시고 무리를 보내신 후에 기도하러 따로 산에 올라가시니라 저물매 거기 혼자 계시더니" 예수님께서는 이미 제자들을 배를 태워 건너편으로 보내셨습니다.

마태복음 14장 22~23절의 말씀을 그림으로 그려볼 수 있습니다. 예수님께서 제자들과 무리들의 중간에 서 계십니다. 중간에 서신 예수님께서 한편에 있는 제자들을 "즉시 재촉하사" 배를 태워 건너편으로 보내버렸습니다. 그리고 다른 한편에 있었던 무리들을 제자들과 반대 방향으로 보내셨습니다. 제자들과 무리들의 사이에 서 계신 예수님께서 제자들과 무리들이 서로 만나지 못하도록 애써서 갈라놓으셨습니다. 무리들이 제자들을 따라가지 못하도록, 제자들과 무리들이 한곳에 있어 어울리지 못하도록 나누셨습니다. 예수님께서는 두 무리를 철저하게 나누시려고 제자들을 배를 태워 떠나보내기까지 하셨습니다. 갈릴리 바다로 갈라놓으셨습니다.

왜 예수님께서는 제자들을 무리들로부터 떼어놓으셨을까요? 예수님께서는 제자들이 무리들과 한곳에 있는 것, 둘이 어울리는 것을 심히 걱정하셨습니다. 무리들이 예수님을 억지로 붙들어 임금으로 세우려고 하고 있습니다. 예수님께서는 저들의 의도의 중심까지 보셨지만, 제자들은 볼 수 없습니다. 분명 제자들은 무리들이 예수님을 메시아로 고백하고, 또 임금으로 세우려고 하는 그 겉모습만 보고는 저들이 예수님을 위하는, 예수님께 충성하는 자들이라고 착각하였을 것입니다. 그래서 제자들은 무리들의 충동에 휩쓸려버렸을 것입니다. 더 이상 제자들이 무리에 휩쓸리지 않도록 둘을 떼어놓으신 것입니다.

오병이어의 기적의 잔치 자리가 끝났습니다. 당연히 그 뒷정리, 마무리 청소는 예수님의 제자들이 맡아서 해야 합니다. 아니면, 오병이어의 기적을 통하여 은혜 받은 무리들이 해야 합니다. 그런데 예수님께서 친히 수고하시고 고생하셨습니다. 왜 예수님께서 이 고생을 하셨습니까? 제자들과 무리들 때문입니다. 제자들이 변변치 않아서입니다. 변변치 않은 제자들이 물들지 않도록 지켜주시기 위해 고생하셨습니다. 또한 엉뚱한 기대와 욕심을 품고 있는 무리들 때문입니다. 그들을 떼어놓아야 했기 때문입니다.

우리도 마찬가지입니다. 변변한 믿음을 지녀야 예수님을 고생시키지 않습니다. 주님을 향하여 바른 기대와 소망을 품고 있어야 예수님께 수고를 끼치지 않습니다. 오늘날 한국 교회에 '안티기독교'라는 안타까운 모습이 있습니다. 변변한 믿음을 가지지 못한 교회와 성도 때문에 그리고 엉뚱한 기대와 바람을 가지고 있는 교회와 성도 때문에 예수님께서 먹칠을 당하시는 것이 '안티기독교'입니다.

안티(ἀντί)란 '~에 반대하여', '~에 대적하여'라는 의미를 가지고 있습니다. 변변치 못한 교회와 성도 때문에 세상이 예수님을 반대하고 대적하는 것입니다. 그러나 이 정도라면 문제될 것이 없습니다. 반대하고 대적하는 사람이 없을 수 없기 때문입니다. 그러나 안티(ἀντί)라는 말에는 '대체하다'는 의미도 있습니다. 바로 이것이 문제입니다. 세상의 안티 세력은 단지 예수님과 교회를 반대하고 대적하는 정도의 안티(ἀντί) 세력이 아니라, 예수님과 교회를 다른 어떤 것으로 대체하려는 안티(ἀντί) 세력임을 바로 보아야 합니다.

성경이 말씀하는 "적그리스도"(ἀντίχριστος-안티크리스토스)가 그렇습니다. "적그리스도"(ἀντίχριστος-안티크리스토스)는 단순히 그리스도를 반대하고 대적하는 세력이 아닙니다. 예수 그리스도의 자리를 넘보며 그리스도의 자리를 대신 차지하려고 합니다. 그리고 그 자리에서 그리스도의 권세를 행사하고자 하는 거짓 영입니다. 이러하기에 성도는 예수 그리스도의 자리에 세상 그 어떤 것도 앉을 수 없음을, 설 수 없음을 늘 고백해야 합니다. 물질과 명예와 쾌락과 그 어떤 것도 우리 삶의 주인이 되어서는 안 됩니다. 이런 것들을 예수님의 자리에 앉게 해서는 안 됩니다. 이런 것들이 또 하나의 숨겨진 적그리스도(ἀντίχριστος-안티크리스토스)가 될 수 있음을 잊지 말아야 합니다.

제자들과 무리를 떼어놓으신 예수님께서 혼자 산으로 떠나가셨습니다. 마태복음 14장 23절은 "기도하러" 가셨다고 말씀합니다. 항상 기도하신 예수님이십니다. 기도는 영적 호흡이며, 영적인 충전입니다. 항상 기도하신 예수님을 본받아 참된 기도, 하나님의 말씀을 의지하고 드리는 기도를 통하여 영적 호흡을 하고, 영적 충전을 해야 합니다.

놀라운 오병이어의 기적 이후에 예수님께서는 혼자 계셨습니다. 열광하고 임금 삼으려는 무리의 환호와 인기를 뒤로하고 혼자 계셨습니다. 혼자 있는 시간, 혼자 하나님께 기도하는 시간은 참으로 중요한 시간입니다. 예수님께서는 습관을 좇아 혼자 계셨고, 그 조용한 시간에 하나님께 기도하셨습니다. 그러나 사람들은 혼자 있는 시간을 고독과 외로움이라고 생각합니다. 그래서 혼자 있는 시간을 두려워하고 무서워합니다. 애써서 피하려고 합니다. 그러나 혼자 있는 시간은 외로움과 고독이 아니라, 조용한 시간이며 하나님께 기도드릴 수 있는 가장 좋은 시간입니다. 혼자 있는 시간과 친해져야 합니다. 혼자 있는 시간이 아니고서는 하나님을 기억하여 기도드릴 수 없기 때문입니다.

"바다 건너편에서 만나 랍비여 언제 여기 오셨나이까 하니"(25절) 무리들이 바다 건너편까지 예수님을 찾아왔습니다. 포기할 줄 모르는 열심입니다. 더구나 전날에 자신들의 고백을 냉대하고 외면하셨던 그 예수님을 또 찾아온 것을 보면 대단한 열심입니다. 이렇게 무리들은 예수님을 찾는 데 열심이었습니다. 그러나 예수님께서는 여전히 저들을 환영하지 않으셨습니다. 그렇게 열심히 예수님을 찾아온 무리에게 말씀하십니다. "…너희가 나를 찾는 것은 표적을 본 까닭이 아니요 떡을 먹고 배부른 까닭이로다"(26절) 예수님을 찾은 것은 표적을 통해 믿음을 가졌기 때문이 아니라, 떡을 먹고 배불렀기 때문이며, 지금도 그 떡이나 구하러 온 것이라고 탐탁하지 않게 말씀하셨습니다.

27절을 통해 우리는 예수님께서 무리를 외면하신 이유를 볼 수 있습니다. "썩을 양식을 위하여 일하지 말고 영생하도록 있는 양식을 위하여 하라…." 무리들이 썩을 양식을 구하는 데만 열심을 냈기 때문입니다. 예수님께서는 썩을 양식이 아니라, 영생하도록 있는 양식을 구하기를 바라십니다. 주님께서 원하시는 것을 구해야 주님께서는 만나주십니다. 만일 무리들이 떡이 아니라 예수님께서 그토록 원하셨던 영생의 양식을 구했다면 예수님께서는 저들을 크게 환영하셨을 것입니다. 예수님께서는 하나님께서 기뻐하시는 것만을 추구하셨습니다. 그래서 늘 하나님과 함께하셨습니다. "나를 보내신 이가 나와 함께 하시도다 나는 항상 그가 기뻐하시는 일을 행하므로 나를 혼자 두지 아니하셨느니라"(요 8:29)

열심에는 두 가지가 있습니다. 자신의 뜻을 이루기 위한 세상의 열심이 있습니다. 자신에게 필요한 떡을 구하는 열심입니다. 그러나 성도의 열심은 하나님의 뜻을 구하고 행하고자 하는, 생명의 양식을 구하는 신앙의 열심이어야 합니다. 예수님을 찾아 바다 건너편까지 왔던 무리들에게도 열심은 있었습니다. 그러나 신앙의 열심이 아니었기에 예수님께서 외면하셨습니다. 열심히 찾는다고 해서 예수님을 만날 수 있는 것은 아닙니다. 신앙의 열심을 가지고, 하나님의 뜻을 구하고 행하고자 열심을 내야 예수님을 만날 수 있습니다. 이런 열심이라야 예수님께서 만나주십니다. 하나님의 길을 열심히 가는 것이 신앙인의 열심입니다.

예수님께서 당신을 생명의 양식이라고 말씀하십니다. 예수님의 살과 피를 먹고 마셔야 한다고 말씀하십니다. 예수님을 따르던 제자들조차도 예수님의 영적인 말씀을 이해하지 못했습니다(66절). 예수님과 다른 마음, 다른 기대를 가지고 있었기에 예수님의 말씀을 이해할 수 없었습니다. 제자들이 예수님께로부터 생명의 양식, 영생의 말씀을 사모하고 간구했다면, 주님께서 하시는 말씀을 잘 이해하였을 것이고, 주님을 떠나지 않았을 것입니다. 오히려 생명의 말씀 되신 주님을 더욱 따랐을 것입니다. 그러나 제자들조차도 예수님과 다른 기대를 품고 있었습니다. 그래서 많은 제자들은 예수님을 떠나갔습니다. "그 때부터 그의 제자 중에서 많은 사람이 떠나가고 다시 그와 함께 다니지 아니하더라"(66절) 예수님의 마음이 많이 아프셨을 것입니다.

이처럼 예수님을 따르지만, 자신들의 기대가 충족되지 못하면 예수님을 떠나고 맙니다. 그래서 성도가 주님께 어떤 기대, 어떤 소망을 가지고 있는가는 매우 중요한 문제입니다. 바른 기대, 바른 소망을 품고 있어야 주님께 응답받고, 또한 끝까지 주님을 붙들고 신앙할 수 있기 때문입니다. 주님께서 원하시는 것과 다른 기대를 가지고 있다면, 그 기대는 결코 만족, 충족되지 못할 것이고, 결국 예수님을 떠나게 될 것입니다. 주님께서 주시는 것, 주실 것을 기대해야 합니다.

예수님께서는 많은 제자들이 떠나가는 것을 보시며, 남아 있는 열두 제자에게 물으셨습니다. 67절에서 "너희도 가려느냐" μὴ καὶ ὑμεῖς θέλετε ὑπάγειν;(매 카이 휘메이스 쎌레테 휘파게인?) '너희도 떠나기를 원하는 것이 아니냐?'라고 물으셨습니다. '너희도 저들과 같은 기대를 가지고 있느냐?' '기대하고 소망했던 바를 얻지 못해서 너희도 떠나고 싶어 하는 것이 아니냐?' '너희도 가려느냐?' '너희는 어떠냐?' '너희는 내게(예수님께) 무엇을 원하고 있느냐?' '어떤 기대를 가지고 있느냐?' '오병이어의 기적을 경험한 무리들과 떠나가는 저 제자들은 떡을 원하였는데 너희는 무엇을 원하고 있느냐?' 이것이 예수님의 마음입니다.

베드로는 예수님의 질문의 의미를 잘 알아차렸습니다. 그래서 놀라운 신앙고백으로 주님의 마음을 위로해드렸습니다.

> "시몬 베드로가 대답하되 주여 영생의 말씀이 주께 있사오니 우리가 누구에게로 가오리이까 우리가 주는 하나님의 거룩하신 자이신 줄 믿고 알았사옵나이다"(68~69절)

κύριε, πρὸς τίνα ἀπελευσόμεθα; ῥήματα ζωῆς αἰωνίου ἔχεις(퀴리에, 프로스 티나 아펠류소메싸? 래마타 조애스 아이오니우 에케이스), '주여, 우리가 누구에게로 가오리이까? 당신께서 영생(영원한 생명)의 말씀을 가지고 계십니다.' 베드로는 예수님을 절대로 떠나지 않겠다고 고백합니다. 영생의 말씀을 기대하고 사모하는데, 그 영생의 말씀이 예수님께 있기 때문입니다.

베드로는 예수님께 우리가 "누구에게로" 가겠느냐고 대답합니다. "누구에게로", πρὸς τίνα(프로스 티나)는 '누구를 향하겠습니까?'라는 의미입니다. 베드로는 자신이 예수님이 아닌 누구를 향하여 서겠냐고, 자신은 아무도, 무엇도 바라고 희망하지 않는다고 고백합니다.

오직 예수님만 바라고 희망한다고 고백하였습니다. 오병이어를 경험한 무리들은 떡을 찾아(향하여) 갔고, 예수님의 많은 제자들도 다른 것을 찾아(향하여) 떠나갔지만, 베드로는 πρὸς τίνα(프로스 티나), 다른 것, 어떤 것이 아니라, '오직 예수님만 향하여'(πρὸς τὸν 'Ιησοῦν-프로스 톤 예순) 서겠다고, 예수님만 바라고 희망하겠다고 고백하고 있습니다. 왜냐하면 베드로는 ῥήματα ζωῆς αἰωνίου ἔχεις(래마타 조애스 아이오니우 에케이스), 오직 예수님께서 영생의 말씀을 가지고 계심을 알았기 때문입니다.

베드로의 대답을 들으신 예수님께서 얼마나 기쁘셨을까요! 베드로가 예수님께 구하고 기대한 것은 영생의 말씀입니다. 영생의 말씀(생명의 물과 생명의 떡)은 예수님께서 세상 모든 사람에게 가장 주고 싶어 하시는 단 하나의 선물입니다. 주님께서 그토록 주고 싶어 하셨던 것을 기대하고 있는 베드로를 바라보며 얼마나 기뻐하셨겠습니까! 부모가 기뻐하는 것을 드리는 것이 참다운 효도라고 합니다. 예수님께서 기뻐하시는 것, 영생의 말씀과 생명의 말씀을 구하는 베드로가 주님을 얼마나 기쁘게 해드렸겠습니까! 주님께서 원하시는 것을 기대하고 소망하여 주님을 기쁘시게 해드리는 성도가 되어야 합니다.

어쩌면 이 답변 이후부터, 베드로는 예수님께 큰 사랑을 받는 제자가 되었던 것 같습니다. 베드로의 신앙고백이 우리의 신앙고백이 되기를 바랍니다. 우리는 무엇을 향하여, 누구를 향하여(πρὸς τίνα-프로스 티나) 서 있습니까? 누구를 그리고 무엇을 바라고 있습니까? 베드로의 고백처럼, 우리도 오직 예수님께만 영생의 말씀이 있기에 주님을 향하여 서는(πρὸς τὸν᾿Ιησοῦν-프로스 톤 예순) 성도가 되어야 합니다. 우리가 예수님을 기대하고 소망하는 이유는 떡과 다른 어떤 것이 아니라, 예수님께만 영생의 말씀이 있기 때문입니다.

예수님께서는 모든 인생에게 가장 소중한 것을 주시기 원하십니다. 그 예수님께서 사마리아 여인에게 생수를 주셨습니다. 오병이어의 기적을 통해서는 생명의 떡을 주고 싶어 하셨습니다. 예수님께서 그토록 주고 싶어 하시는 생수와 생명의 떡, 영생의 떡을 사모하는 성도가 되어, 예수님을 기쁘시게 해드리는 복된 성도가 되기를 기도합니다.

니고데모의 신앙

듣고 보고 고백하고 한 번 더 확인하는 신앙

μὴ ὁ νόμος ἡμῶν κρίνει τὸν ἄνθρωπον ἐὰν μὴ ἀκούσῃ πρῶτον παρ' αὐτοῦ καὶ γνῷ τί ποιεῖ; 매 호 노모스 해몬 크리네이 톤 안쓰로폰 에안 매 아쿠새 프로톤 파르 아우투 카이 그노 티 포이에이?

"아랫사람들이 대제사장들과 바리새인들에게로 오니 그들이 묻되 어찌하여 잡아오지 아니하였느냐 아랫사람들이 대답하되 그 사람이 말하는 것처럼 말한 사람은 이 때까지 없었나이다 하니 바리새인들이 대답하되 너희도 미혹되었느냐 당국자들이나 바리새인 중에 그를 믿는 자가 있느냐 율법을 알지 못하는 이 무리는 저주를 받은 자로다 그 중의 한 사람 곧 전에 예수께 왔던 니고데모가 그들에게 말하되 우리 율법은 사람의 말을 듣고 그 행한 것을 알기 전에 심판하느냐 그들이 대답하여 이르되 너도 갈릴리에서 왔느냐 찾아 보라 갈릴리에서는 선지자가 나지 못하느니라 하였더라"(요한복음 7장 45~52절)

31~32절에서, 많은 사람들이 예수님을 그리스도로 고백합니다. 사람들의 신앙고백이 대제사장들과 바리새인들에게는 "수군거림"으로 들렸습니다(32절). 위대한 신앙고백이 수군거림으로 들리는 것

은 불행한 일입니다. 저들은 이 수군거림을 차단하기 위하여 예수님을 잡아오라고 아랫사람들을 보냈습니다. 그런데 아랫사람들이 예수님을 잡아오지 않았습니다(45절).

뿐만 아닙니다. "아랫사람들이 대답하되 그 사람이 말하는 것처럼 말한 사람은 이 때까지 없었나이다 하니"(46절) 아랫사람들은 가서 예수님과 대화를 나누었고, 예수님의 말씀에 은혜까지 받은 것이 틀림없습니다. 예수님의 말씀에 은혜를 받았기에 예수님을 잡아올 수 없었습니다. 오히려 대제사장들과 바리새인들 앞에서 예수님을 변호하고 있습니다. 비록 예수님을 잡으러 갔지만, 예수님을 만난 아랫사람들은 많은 백성들과 같이 예수님을 메시아로 고백하게 되었습니다.

예수님을 잡으러 갔던 사람들이 예수님의 사람이 되어 돌아왔습니다. "아랫사람들"의 태도와 믿음이 놀랍습니다. 아랫사람들은 어떤 사람들이었을까요? 아랫사람들, οἱ ὑπηρέται(휘패레타이, 기본형, ὑπηρέτης-휘패레태스, οἱ-호이는 정관사)는 종이 아닙니다. 노예의 신분과는 전혀 다른 자유인입니다. 동사 ὑπηρετέω(휘패레테오)는 '섬기다', '돌보아주다', '수종들다'는 의미를 가지고 있습니다(행 13:36, 24:23). ὑπηρέτης(휘패레태스)는 종의 신분이 아닌 자유민의 신분으로서 '섬기는 자', 곧 '(하급) 관리'를 의미합니다(마 5:25, 행 5:26). 대제사장들과 바리새인들이 예수님을 잡아오라고 보낸 것으로 보아 οἱ ὑπηρέται(휘패레타이), 아랫사람들은 그들의 사무관이거나 집달관 정도로 생각해 볼 수 있습니다.

그러므로 아랫사람들은 자신의 분야에서 어느 정도의 지식을 가지고 있는 사람들입니다. 대제사장들과 바리새인들의 아랫사람들이었으니 자신들의 분야였던 율법적이고 종교적인 지식을 어느 정도는 갖추고 있었습니다. 그랬기에 예수님과 대화를 나눌 수 있었고, 예수님의 말씀을 이해할 수 있었으며 은혜를 받을 수 있었습니다. 그러한 그들이 들어보니 예수님의 말씀은 이제까지 그 누구에게서도 들어보지 못한 말씀이었습니다(마 7:28~29). 자신들의 윗사람인 바리새인들과 대제사장들에게서도 결코 들어보지 못한 생명의 말씀이었습니다. 예수님의 말씀에 은혜 받은 그들은 대제사장들과 바리새인들 앞에서 예수님을 변호하기까지 했습니다.

아랫사람들이 이러한 태도를 가지기란 매우 어려운 일입니다. 자신을 고용한 사람이 반대하는 예수님을 시인하고, 그 앞에서 예수님을 변호한다는 것은 매우 어려운 일입니다. 많은 손해를 감수해야만 합니다. 직장(?)에서 쫓겨날 것이고, 그래서 봉급을 받지 못하게 될 것입니다. 이뿐만이 아닙니다. 저들의 관계는 단순히 고용주와 근로자의 관계가 아니었습니다. 종교적인 관계이었기에 더 심한 처벌을 받을 수도 있습니다. 요한복음 9장 20~22절을 통해서 아랫사람이 받을 수 있었던 처벌이 무엇이었는지 살펴볼 수 있습니다.

> “그 부모가 대답하여 이르되 이 사람이 우리 아들인 것과 맹인으로 난 것을 아나이다 그러나 지금 어떻게 해서 보는지 또는 누가 그 눈을 뜨게 하였는지 우리는 알지 못하나이다 그에게 물어 보소서 그가 장성하였으니 자기 일을 말하리이다 그 부모가 이렇게 말한 것은 이미 유대인들이 누구든지 예수를 그리스도로 시인하는 자는 출교하기로 결의

하였으므로 그들을 무서워함이러라”(요한복음 9장 20~22절)

예수님께로부터 고침을 받은 소경의 부모는 “출교”될 것을 두려워했습니다. 그래서 아들의 눈을 뜨게 한 이가 누구인지 대답하지 않고 아들에게 미루었습니다. “유대인들이 누구든지 예수를 그리스도로 시인하는 자는 출교하기로 결의”하였기 때문입니다. 물론 요한복음 9장의 이러한 결의는 요한복음 7장 이후에 일어난 일입니다. 그러나 두 본문 사이의 시간적 간격이 그리 길지 않은 것과, 이러한 결의가 본문의 말씀대로 “이미”(22절), 곧 9장 이전에 이루어진 것이기에 요한복음 7장의 아랫사람들도 출교를 당할 수 있는 상황이었습니다.

자신들의 모든 것을 잃을 수 있는 상황임에도 불구하고 예수님을 그리스도로 시인하고 담대하게 변호까지 하는 아랫사람들의 모습을 통해 볼 때, 저들은 확실히 예수님께 은혜를 받은 것으로 보입니다. 대제사장들과 바리새인들은 예수님을 무조건 잡아오라고 명령했습니다. 그러나 아랫사람들은 예수님의 말씀을 듣고 마음을 바꾸었습니다. 대제사장들과 바리새인들의 아랫사람들이었지만, 그들의 태도만큼은 오히려 그들보다 훨씬 더 나은 모습입니다. 아랫사람들이 예수님께 들은 이 생명의 말씀, 자신들의 밥그릇(?)과 목숨까지도 걸 수 있었던, 이 생명의 말씀을 성도들은 성경을 통해 들어야 합니다. 목회자는 이 생명의 말씀을 힘을 다하여 증언해야 합니다. ‘힘을 다하여’라 함은 발견과 선포의 두 측면을 말합니다.

바리새인들과 대제사장들은 아랫사람들에게까지 예수의 미혹이 이른 것을 보고는 위기의식을 느꼈습니다. 혹시 당국자나 바리새인들 중에도 미혹된 자가 있는지 걱정이 되었습니다. 예수의 미혹을 차단하기 위하여 저들은 결의를 합니다.

"율법을 알지 못하는 이 무리는 저주를 받은 자로다"(49절)

예수를 믿는 자는 율법을 알지 못하는 무리이고 저주를 받은 자라고 당론을 모아 결의하였습니다. 이러한 당론과 결의가 요한복음 9장 22절의 "출교"와 연결되는 저들의 반응과 대응일 것입니다. 험악한 분위기입니다. 나서지 말고 가만히 있어야만 하는 분위기입니다. 침묵이 최선입니다. 자칫 한 마디 말을 잘못하였다가는 본보기로 저주를 받은 무리가 되어 출교를 당하게 될 상황입니다.

이런 험악한 분위기에 니고데모가 나섰습니다. 험악한 분위기를 파악하지 못했을 리 없습니다. 험악한 분위기였지만 나서지 않을 수 없었습니다. 더 이상 듣고만 있을 수 없었습니다. 니고데모의 나섬이 이러했기에 당연히 저들의 당론과 결의를 반대했을 것이고, 반대로 예수님에 대해서는 변호하고 그리스도이심을 시인했을 것입니다. 저주를 받은 무리라는 낙인과 출교에도 침묵하지 않는 니고데모의 담대한 모습을 볼 수 있습니다. 대제사장들과 바리새인들에 반대하는 니고데모의 모습을 헬라어 원문을 통해서도 볼 수 있습니다.

"그 중의 한 사람 곧 전에 예수께 왔던 니고데모가 그들에게 말하되"

(50절)

λέγει Νικόδημος πρὸς αὐτούς, ὁ ἐλθὼν πρὸς αὐτὸν [τὸ] πρότερον, εἷς ὢν ἐξ αὐτῶν(레게이 니코대모스 프로스 아우투스, 호 엘쏜 프로스 아우톤 [토] 프로테론, 헤이스 온 엑스 아우톤, 원문 50절)

λέγει Νικόδημος πρὸς αὐτούς(레게이 니코대모스 프로스 아우투스) '니고데모가 그들을 향하여 말합니다.' 니고데모가 저들을 향했다고 합니다. '~을 향하여'를 의미하는 헬라어 전치사 πρός(프로스)에는 두 가지 태도가 담겨 있습니다. 긍정적인 태도는 상대를 향한 사랑스러운 태도입니다. 본문에서는 이와는 반대로 부정적인 태도로 사용되었습니다. 상대를 향한 반대(against)의 감정을 나타냅니다. 저들을 향하여 선 니고데모의 모습 자체가 저들의 당론과 결의에 반대하고 반박하는 모습입니다. 예수님을 비난하고 정죄하는 저들에 대항하여 예수님을 고백하고 변호하기 위하여 나섰습니다.

니고데모가 나선 것은 조금 전 아랫사람들이 예수님을 변호하고 나선 것보다 훨씬 더 어려운 일입니다. 니고데모는 아랫사람들보다 훨씬 더 많은 것을 가졌기 때문입니다. 잃을 것이 더 많기 때문입니다. 웬만한 믿음과 확신을 가지고는 나설 수 없습니다. 니고데모의 믿음이 어느 정도였을지 생각할 수 있습니다. 어려운 상황에 예수님을 고백하고 시인하는 니고데모입니다.

"내가 또한 너희에게 말하노니 누구든지 사람 앞에서 나를 시인하면 인자도 하나님의 사자들 앞에서 그를 시인할 것이요 사람 앞에서 나를 부인하는 자는 하나님의 사자들 앞에서 부인을 당하리라"(눅 12:8~9)는 예수님의 말씀을 니고데모가 실천한 것입니다. 예수님을 시인하는 성도가 되어야 합니다. 오늘 우리 시대의 바쁨과 재물, 건강의 염려 가운데서도 예수님을 시인하고 고백하는 성도가 되어야 합니다.

니고데모는 "전에 예수께 왔던 니고데모"입니다(50절). 니고데모는 요한복음 3장에 등장했습니다. 그때는 예수님께 꾸중과 질책을 들었습니다. 이스라엘의 선생으로서 이러한 것들도 알지 못하느냐며 창피를 당했습니다. 그러나 지금 요한복음 7장에서는 이전의 니고데모와는 전혀 다른, 성숙하고 담대한 니고데모가 등장합니다. 모든 것을 잃을 것을 개의치 않고 예수님을 고백하고 변호하는 담대한 니고데모입니다.

요한복음 3장의 니고데모를 7장의 니고데모, 나아가 19장의 니고데모로 변화시켜준 것은 무엇일까요? 니고데모가 동료 바리새인들과는 전혀 다른 신실한 신앙으로 나아갈 수 있었던 것은 무엇 때문이었을까요? 51절이 말씀하는 니고데모의 신앙의 태도를 통해 살펴볼 수 있습니다. "우리 율법은 사람의 말을 듣고 그 행한 것을 알기 전에 심판하느냐?"(μὴ ὁ νόμος ἡμῶν κρίνει τὸν ἄνθρωπον ἐὰν μὴ ἀκούσῃ πρῶτον παρ' αὐτοῦ καὶ γνῷ τί ποιεῖ;-매 호 노모스 해몬 크리네이 톤 안쓰로폰 에안 매 아쿠새 프로톤 파르 아우투 카이 그노 티 포이에이?)

니고데모가 주장하는 바를 보면, 그는 사람의 말을 듣고 나서, 또한 그가 행한 일을 알고 나서 판단을 내리는 사람입니다. 적어도 그런 사람이 되고자 애썼습니다. 그러했기에 동료 바리새인의 당론을 무조건 따르지 않았습니다. 모두가 예수님을 정죄했지만, 니고데모는 예수님의 말씀과 행하신 일을 들었습니다. 그리고 예수님께서 그리스도이심을 믿었습니다. 뿐만 아니라, 니고데모는 자신이 듣고 본 것을 토대로 믿은 사실, 진정 예수님께서 그리스도이신지 확인하기 위하여 예수님을 찾아가기까지 했습니다(3장). 니고데모는 이렇게 신중한 사람이었습니다.

니고데모의 보고 듣고 난 후에 판단하는 자세, 더하여 자신의 판단을 확인하기 위하여 만남을 추구했던 태도는 중요한 모습입니다. 이런 자세가 니고데모가 신앙의 성숙과 담대함을 이룰 수 있도록 이끌어주었습니다. 신앙은 니고데모처럼 듣고(소문)-보고-듣고(예수님께)-믿고-확인해야 합니다. 그래야 바른 신앙으로 성장할 수 있습니다. 그러나 니고데모의 동료 바리새인들은 정반대였습니다. 예수님의 말씀을 듣지 않았습니다. 예수님께서 행하신 일에는 눈을 감았습니다. 무조건 정죄했고, 무조건 잡아오라고 아랫사람들을 보냈습니다. 명령을 받고 갔던 아랫사람들조차도 예수님의 말씀을 듣고 판단을 바꾸었는데, 저들은 도무지 듣지 않았습니다. 편견과 선입견으로 꽉 찬 사람들입니다. 이것이 니고데모의 눈에 비친 동료 바리새인들의 모습입니다. 그러므로 51절 말씀은 니고데모가 동료 바리새인들에게 너무 경솔하고 성급하며, 편견과 선입견에 빠져 있다고 꾸짖고 질책하는 말입니다.

바리새인들과 대제사장들을 꾸짖는 니고데모의 질책은 니고데모의 말이 아니라, 유대인들을 꾸짖었던 예수님의 말씀입니다. 요한복음 7장 24절의 "외모로 판단하지 말고 공의롭게 판단하라"는 말씀처럼 외모로 판단해서는 안 됩니다. 바리새인들과 대제사장들은

"갈릴리에서는 선지자가 나지 못하느니라"라고 말하며 (갈릴리) 나사렛 예수님을 외모로 판단했습니다. 유대인들도 마찬가지였습니다. 예수님의 외모인 "목수의 아들"로 예수님을 판단해버리고 말았습니다. 공의롭게 판단(τὴν δικαίαν κρίσιν-텐 디카이안 크리신, 공의로운 판단)해야 합니다. 말을 듣고 행동을 보아 알고 난 후 판단해야 합니다. 예수님의 말씀을 듣고 예수님께서 행하신 표적을 보고 예수님에 대해 판단을 했어야 합니다.

바리새인들과 대제사장들은 니고데모가 자신들을 심하게 질책하고 있음을 모를 리 없습니다. 자신들을 모욕하는 니고데모에게 분노의 감정을 가졌습니다. 그래서 저들도 니고데모에게 치욕적인 말로 분노의 감정을 내뱉습니다. 52절의, "너도 갈릴리에서 왔느냐"라는 표현은 굉장히 치욕적인 말입니다. 자신들을 모욕하는 니고데모에게 뱉은 말이니 낭연히 치욕적인 말일 것입니다.

μὴ καὶ σὺ ἐκ τῆς Γαλιλαίας εἶ;(매 카이 쉬 에크 태스 갈릴라이아스 에이?) καὶ σὺ(카이 쉬)는 'even you', '너도'라는 뜻입니다. 니고데모도 자신들이 정죄한 예수와 같은 자라고 정죄하고 있습니다. ἐκ τῆς Γαλιλαίας εἶ;(에크 태스 갈릴라이아스 에이?) 전치사 ἐκ(에크)는 'from'의 의미를 지니고 있습니다. '너도 예수와 같이 갈릴리 사람이냐, 갈릴리 출신이냐?'는 말입니다. 의문문이지만, 묻는 것이 아니라 정죄하는 심판입니다. 예수님을 심판하였던 것과 같이 니고데모의 한 마디(51절)에 저들은 보지도 않고 듣지도 않고 무조건 니고데모를 심판해버렸습니다.

유대인은 사마리아인들을 사람 취급하지 않았습니다. 혼혈로 인하여 개와 같이 취급했다고 합니다. 갈릴리는 사마리아의 북쪽에 닿아 있습니다. 나사렛은 사마리아에서 가까운 갈릴리 남부에 위치하고 있습니다. 성경은 갈릴리가 이방 땅이라고 말씀합니다(사 9:1, 마 4:15, "이방의 갈릴리"). 유대인들에게 갈릴리는 사마리아보다도 못한 곳이었습니다. 공회원이며 바리새인이었던 니고데모를 그런 갈릴리 사람이라며 이방인 취급하였습니다. 치욕스러운 표현입니다.

니고데모와 동료 바리새인들은 같은 지위의 사람들입니다. 그러나 본문에서 볼 수 있듯이 전혀 다른 부류의 사람이었습니다. 니고데모와 저들의 차이가 바로 51절, 신앙의 태도(자세)입니다. 니고데모는 예수님의 말씀을 듣고 예수님께서 행하신 표적을 보고 예수님이 어떤 분인지 판단했습니다. 그러나 바리새인들은 편견과 선입견으로 무조건 비판하여 심판하고 정죄해버렸습니다.

저들이 이렇게 경솔했다는 것은 "심판"이라는 표현을 통해서도 볼 수 있습니다. 니고데모는 저들이 듣지도 보지도 않고 심판해버린 사람들이라고 꾸짖었습니다(51절). '심판하다'를 의미하는 동사 κρίνω(크리노)는 법정의 '판결'을 의미합니다. 최종적이고 최후적인 판결을 의미합니다. 바리새인들과 대제사장들은 그렇게 중요한 최종적인 판결을 내리면서 최소한의 확인절차조차 밟지 않았습니다. 아니, 확인절차를 밟았습니다. 그래서 아랫사람들을 보냈습니다. 예수님께서 메시아이심이 결론 났습니다. 그러나 듣지 않았습니다. 성급하고 경솔한 사람들이었습니다.

니고데모와 동료 바리새인들은 같은 사람이지만 전혀 다른 사람입니다. 어떤 자세와 태도로 삶을 대하고 신앙을 대하느냐에 따라

다른 사람이 됩니다. 니고데모와 같은 성도가 되어야 합니다. 편견과 선입견 없는, 아니 편견과 선입견을 줄이는 성도가 되어야 합니다. 듣고 보고 판단하고, 판단한 것을 확인하기까지 하는 진지하고 조심하는 성도가 되어야 합니다.

바리새인들과 대제사장들은 편견으로 보지도 듣지도 않고 무조건 믿지 않았습니다. 우리는 예수 그리스도를 주로 시인하며 고백하는 성도들이니 우리에게 있는 편견은 저들과는 다른 모습일 것입니다. 신앙인의 편견은 무엇일까요? 저들과 반대의 편견입니다. 보거나 듣지 않고, 확인하지 않고 무조건 믿어버리는 편견과 선입견을 조심해야 합니다. 이런 편견 역시 외모만 보고 판단하는 것입니다. 이런 편견을 지니면 "양의 옷을 입고 너희에게 나아오나 속에는 노략질하는 이리"(마 7:15)를, 거짓 선지자를, 이단을 분별하지 못합니다. 양의 옷을 뒤집어썼기에 양인 줄 압니다. 성경은 이것을 "미혹"(πλάνη-플라내)이라고 합니다.

좋아 보이지만, 무조건 믿는 것은 좋은 신앙이 아닙니다. 무조건 믿는 것은 오해로 귀결되기 쉽습니다. 설령 바른 길을 운 좋게 얻었다 할지라도, 진지함이 없기에 그 안에 그 믿음의 생명력이 있을지는 미지수입니다. 무조건 믿는다는 것은 절대적인 순종을 의미하지 않습니다. 보고 듣고 확인하지 않는 경솔하고 성급한 태도를 말하는 것임을 기억해야 합니다. 그러기에 위험한 신앙입니다. 군중심리가 그렇습니다. 무조건 반대하거나 무조건 지지합니다. "왜?"라고 물으면 "몰라! 그냥!"이라고만 합니다. 모르고 반대하고, 모르고 지지합니다. 바리새인들과 대제사장들은 예수님을 무조건 반대했습니다.

그들도 하나님과 하나님의 율법에 대해서는 무조건 믿었던 사람들입니다. 그래서 예수님께서는 하나님을 알지 못하고 율법도 모른다고, 율법도 오해하였다고 그들을 꾸중하셨던 것입니다(마 22:29). 하나님의 말씀과 율법을 듣고 보고 확인하지 않고 무조건 믿은 사람들이니 하나님께서 어떤 분이시고, 하나님의 율법이 어떤 것인지 알 리가 없습니다.

바리새인들과 대제사장들과 같이 무조건 믿어서는 안 됩니다. 그래서는 무조건 반대하는 편견과 아집에 찬 사람밖에 될 수 없습니다. 우리는 니고데모처럼 듣고(소문)-보고-듣고(예수님께)-판단하고, 그리고 또 확인하여 믿음을 세워야 합니다. 예수님을 듣고 보고 그리스도로 고백해야 합니다. 우리는 힘써 예수님을 알아야 합니다. 이것이 저와 여러분, 우리가 니고데모와 같은 신앙으로 세워질 수 있는 길입니다. 날마다 순간순간마다 주님을 듣고, 보고, 고백하기 위해 그리고 나의 고백이 주님께서 원하시는 고백인지 니고데모와 같이 주님을 찾아 확인하는 성도가 되기를 기도합니다. 그렇게 훌륭한, 주님이 기뻐하시는 성도로 세워지기를 기도합니다.

세상을 심판하러 오신 예수님

εἰς κρίμα ἐγὼ εἰς τὸν κόσμον τοῦτον ἦλθον 에이스 크리마 에고 에이스 톤 코스몬 투톤 앨쏜

"예수께서 이르시되 내가 심판하러 이 세상에 왔으니 보지 못하는 자들은 보게 하고 보는 자들은 맹인이 되게 하려 함이라 하시니 바리새인 중에 예수와 함께 있던 자들이 이 말씀을 듣고 이르되 우리도 맹인인가 예수께서 이르시되 너희가 맹인이 되었더라면 죄가 없으려니와 본다고 하니 너희 죄가 그대로 있느니라 내가 진실로 진실로 너희에게 이르노니 문을 통하여 양의 우리에 들어가지 아니하고 다른 데로 넘어가는 자는 절도며 강도요 문으로 들어가는 이는 양의 목자라 문지기는 그를 위하여 문을 열고 양은 그의 음성을 듣나니 그가 자기 양의 이름을 각각 불러 인도하여 내느니라 자기 양을 다 내놓은 후에 앞서 가면 양들이 그의 음성을 아는 고로 따라오되 타인의 음성은 알지 못하는 고로 타인을 따르지 아니하고 도리어 도망하느니라 예수께서 이 비유로 그들에게 말씀하셨으나 그들은 그가 하신 말씀이 무엇인지 알지 못하니라 그러므로 예수께서 다시 이르시되 내가 진실로 진실로 너희에게 말하노니 나는 양의 문이라 나보다 먼저 온 자는 다 절도요 강도니 양들이 듣지 아니하였느니라 내가 문이니 누구든지 나로 말미암아 들

어가면 구원을 받고 또는 들어가며 나오며 꼴을 얻으리라 도둑이 오는 것은 도둑질하고 죽이고 멸망시키려는 것뿐이요 내가 온 것은 양으로 생명을 얻게 하고 더 풍성히 얻게 하려는 것이라 나는 선한 목자라 선한 목자는 양들을 위하여 목숨을 버리거니와 삯꾼은 목자가 아니요 양도 제 양이 아니라 이리가 오는 것을 보면 양을 버리고 달아나나니 이리가 양을 물어 가고 또 헤치느니라 달아나는 것은 그가 삯꾼인 까닭에 양을 돌보지 아니함이나 나는 선한 목자라 나는 내 양을 알고 양도 나를 아는 것이 아버지께서 나를 아시고 내가 아버지를 아는 것 같으니 나는 양을 위하여 목숨을 버리노라 또 이 우리에 들지 아니한 다른 양들이 내게 있어 내가 인도하여야 할 터이니 그들도 내 음성을 듣고 한 무리가 되어 한 목자에게 있으리라 내가 내 목숨을 버리는 것은 그것을 내가 다시 얻기 위함이니 이로 말미암아 아버지께서 나를 사랑하시느니라 이를 내게서 빼앗는 자가 있는 것이 아니라 내가 스스로 버리노라 나는 버릴 권세도 있고 다시 얻을 권세도 있으니 이 계명은 내 아버지에게서 받았노라 하시니라 이 말씀으로 말미암아 유대인 중에 다시 분쟁이 일어나니 그 중에 많은 사람이 말하되 그가 귀신 들려 미쳤거늘 어찌하여 그 말을 듣느냐 하며 어떤 사람은 말하되 이 말은 귀신 들린 자의 말이 아니라 귀신이 맹인의 눈을 뜨게 할 수 있느냐 하더라"(요한복음 9장 39절~10장 21절)

39절 말씀을 통해 예수님께서 이 세상에 오신 목적을 분명하게 살펴볼 수 있습니다. 예수님께서 세상에 오신 목적은 "심판"입니다. 심판에는 두 가지가 있습니다. 하나는 우리가 잘 알고 있는 것과 같이, 주님께서 행하시는 최후의 심판입니다. 그러나 본문이 말씀하는 "심판"은 최후의 심판은 아닙니다. 예수님께서 행하시는 또 하나의 심판이 있습니다. 세상이 믿고 있는 것들에 대한 심판입니다. 세상이 옳다고 여기는 것이 하나님 앞에서 정말 그러한지, 반대로 세상이 옳지 않다고 여기는 것이 하나님 앞에서 정말 그러한지를 판결하시는 심판입니다.

사람들은 옳다고 하지만 하나님 안에서 옳지 않은 것, 죄가 되는 것이 얼마나 많이 있습니까? 반대로 세상이 죄라고 하지만 하나님께서 기뻐하시는 것이 얼마나 많이 있습니까? 예수님께서 행하시는 심판은 이와 같이 세상이 반대로 알고 있는 것, 잘못 알고 있는 것을 하나님의 뜻 안에서 바르게 판단하시고 세우시는 심판입니다. 세상의 기준을 정확하게 세우는 심판이라 말할 수 있습니다. 반드시 필요한 심판입니다. 예수님께서는 세상이 반대로 알고 있다고, 그래서 심판받아야 한다고 말씀하셨습니다. 세상(많은 사람들)과 반대로 가야 한다고 말씀하셨습니다.

> "좁은 문으로 들어가라 멸망으로 인도하는 문은 크고 그 길이 넓어 그리로 들어가는 자가 많고 생명으로 인도하는 문은 좁고 길이 협착하여 찾는 자가 적음이라"(마태복음 7장 13~14절)

세상의 어느 누구도 이러한 심판을 할 수 없습니다. 오직 길과 진리와 생명 되신 예수 그리스도께서만 심판하실 수 있습니다. 세상이 아무리 뭐라고 말해도 우리에게는 예수님께서 옳다고 하시는 것, 성경이 말씀하시는 것이 옳은 것입니다. 예수님께서 죄라고 하시면, 성경이 죄라고 하시면 바로 그것이 죄입니다. 내 뜻이 주님의 심판과 다를 수 있습니다. 그러나 얼마 되지 않아, 혹은 언젠가는 알게 됩니다. 왜 주님께서 그렇게 심판하여 판결하셨는지 알게 됩니다. 주님께서 정하고 세워주신 심판을 따라 살아가는 성도가 되어 최후심판의 자리에 설 수 있는 복된 성도가 되기를 기도합니다.

예수님의 목적이 '세상에서의 심판'임을 헬라어 원문의 문장 어순을 통해서도 살펴볼 수 있습니다.

> Καὶ εἶπεν ὁ Ἰησοῦς, εἰς κρίμα ἐγὼ εἰς τὸν κόσμον τοῦτον ἦλθον, ἵνα οἱ μὴ βλέποντες βλέπωσιν καὶ οἱ βλέποντες τυφλοὶ γένωνται.(카이 에이펜 호 예수스, 에이스 크리마 에고 에이스 톤 코스몬 투톤 앨쏜, 히나 호이 매 블레폰테스 블레포신 카이 호이 블레폰테스 튀플로이 게논타이, 요한복음 9장 39절)

εἰς κρίμα(에이스 크리마, 심판 안으로, 심판하기 위하여)로 37절 말씀의 첫 머리를 여셨습니다. '심판하기 위하여' 이 세상으로(εἰς τὸν κόσμον τοῦτον-에이스 톤 코스몬 투톤, '이 세상 안으로') 오셨음을 강조하는 선언입니다. 심판 주는 예수님이십니다. 헬라어에서는 동사의 어미를 인칭어미로 사용합니다. 본문에서는 동사 ἦλθον(앨쏜, 오다, 기본형, ἔρχομαι-엘코마이)의 -ον(-온)이 일인칭어미로서 '예수님'을 나타내는 주어, "내가"입니다. 그래서 별도로 인칭대명사 ἐγὼ(에고)를 사용하지 않아도 됩니다.

그런데 본문에서는 예수님을 가리키는 인칭대명사 ἐγὼ(에고, '나, I')를 기록하고 있습니다. 주어를 동사로 한 번 그리고 인칭대명사로 한 번, 이렇게 두 번 표현하고 있습니다. 주어를 두 번 사용하는 것은 강조입니다. 그래서 헬라어에서 주어를 인칭대명사로 별도로 표현하는 것은 강조의 의미를 담고 있습니다. 세상을 심판하러 오신 분이 바로 예수님이심을 강조하는 것입니다. 예수님께서만 '세상을 심판'하실 수 있는 심판 주이심을 인칭대명사 ἐγὼ(에고)를 통해 증거하고 있습니다.

예수님께서 심판하시는 내용입니다. 39절, "보지 못하는 자들은 보게 하고…." 세상으로부터 죄인이라고, 보지 못하는 자들이라고 정죄당하고 천대받는 자들이 하나님을 볼 수 있게 해주셨습니다. 세상에서는 죄인이라고 심판받았지만, 예수님은 그 심판을 뒤집어 엎으셔서 그들을 하나님의 백성으로 세워주셨습니다. 사람들은 삭개오를 죄인이라고 했습니다. 그러나 예수님께서는 하나님의 구원이 삭개오의 집에 이르렀다고 말씀하셨습니다. 삭개오를 아브라함의 자손, 하나님의 백성으로 세워주셨습니다. 세상의 심판은 살리지 못하지만, 주님의 심판은 살리는 생명의 심판입니다. 오늘 우리의 삶이 정죄의 심판이 아니라, 생명을 나누어주는 소금과 빛의 심판(?)의 삶이 되기를 바랍니다.

예수님이 오시기 전, 병자와 어린이, 죄인과 세리, 창기들도 바리새인들로부터 죄인이라고 심판받았습니다. 바리새인들이 죄인이라고 하니까 죄인인 줄 알며 평생을 죄인으로 살았습니다. 그래서 하나님께는 가까이 가지도 않고, 하나님을 찾을 생각도 하지 않고, 그렇게 엉뚱한 길로만 갔던 사람들입니다. 저들의 잘못된 심판으로 기회조차 박탈당한 억울하고 원통한 삶입니다. 그러나 예수님께서는 바리새인들과 종교지도자들의 심판이 잘못되었다고, 그들도 하나님의 구원의 백성이라고 저들의 심판, 오판을 뒤집어 심판하셨습니다. 예수님의 이 심판으로 세상에서 정죄의 심판을 받았던 사람들은 구원의 빛을 얻었습니다.

예수님의 심판을 통하여 죄인이었던 사람들이 하나님의 구원의 백성으로 회복되었습니다. 조금 더 정확하게 말하면, 하나님의 구원의 백성으로 회복될 기회를 얻었습니다. 예수님의 심판, 예수님께서 주신 이 기회가 저들에게 얼마나 큰 기쁨의 소식이었겠습니까? 그래서 마태복음 4장 16절은 말씀합니다. "흑암에 앉은 백성이 큰 빛을 보았고 사망의 땅과 그늘에 앉은 자들에게 빛이 비치었도다" 예수님의 심판이 저들에게 생명의 "큰 빛"을 가져다주었다고 말씀합니다. 세상 모든 사람들에게 구원의 빛, 기회가 주어졌습니다.

39절이 말씀하는 또 하나의 심판입니다. "…보는 자들은 맹인이 되게 하려 함이라" 이 말씀은 보는 눈을 가진 자를 보지 못하는 맹인으로 만드시겠다는 것은 아닙니다. 하나님의 뜻과 길을 보지 못하고 알지 못하는 영적인 맹인이면서 자신이 하나님의 길과 뜻을 알고 있다고 착각하는 자들, 본문의 표현으로는 "보는 자들", 곧 '자칭 본다고 하는 자들'이 사실은 전혀 보지 못하는 자들이라는 것을 그들 자신과 세상이 알게 하신다는 말씀입니다.

하나님의 뜻과 길을 보지 못하면서, 보고 있다고 착각하는 사람들이 큰 문제입니다. 자신이 죄인임을 알고 고백하는 세리와 창기보다 자신이 죄인인 줄 모르고 의인이라고 믿고 행했던 바리새인이 더 큰 문제였습니다(눅 18:9~14). 영적인 맹인이었던 바리새인들은 하나님의 뜻이 아닌 것을 하나님의 뜻이라고 믿었고, 백성들에게 하나님의 뜻이라고 가르쳤습니다. 바리새인들로부터 신앙의 가르침을 받은 백성들은 배운 대로 열심히 하나님을 섬겼습니다. 그러나 그것은 하나님의 길이 아니었기에 열심히 섬기지만, 진정으로 섬기지만 하나님을 만날 수 없었습니다.

예수님께서는 열심과 진정으로 하나님을 섬기는데도 하나님을 만날 수 없는 백성들의 이러한 고단한 삶을 수고하고 무거운 짐을 진 자의 삶이라고 말씀하셨습니다(마 11:28). 백성들, 성도들이 수고하고 무거운 짐 아래에서 허덕이며 신음하는 것이 바로 영적인 맹인 된 지도자들 때문입니다. 목회자로서 누릴 수 있는 많은 특권의 달콤함보다 주님께서 주신 사명의 본분을 흔들림 없이 잡고 나아가야 할 이유가 여기에 있습니다. 때로는 목회자에게 주어지는 달콤한 특권이 시험과 유혹이 될 수도 있는 이유가 여기에 있습니다. 나 하나 죽는 것으로 그치는 것이 아닙니다. 그래서 예수님께서 저들에게는 비난과 저주를 퍼부으셨습니다. 백성들은 사랑과 온유함으로 안아주셨습니다. 목자 없는 양과 같이 유리하는 백성들을 긍휼히 여겨주셨습니다. 목자라는 자들은 있었지만, 목자가 되지 못하는 자들이었습니다.

누군가 나서서 그들이 보지 못하는 자들이라고, 하나님의 뜻을 전혀 모르는 맹인과 같은 자들이라고 밝혀주어야 합니다. 심판해주어야 합니다. 지금까지의 세상의 이 질서를 심판하여 그 물줄기를 하나님의 의의 길로 돌려야 합니다. 그래야 하나님의 백성들이 더 이상 그들의 잘못된 가르침과 교훈을 따르지 않아 구덩이에 빠지지 않습니다. 그런데 세상에서 이런 심판을 내릴 인생은 아무도 없습니다. 모두가 똑같은 죄인이기 때문입니다. 오직 예수님만 심판하실 수 있습니다. 예수님께서 오셔서 본다고 하는 자들에게 너희가 맹인이라고 심판하셨습니다.

성도들은 삶에 쫓길 수밖에 없습니다. 피곤하고 고단한 삶입니다. 그래서 성도들은 하나님의 말씀에 사실은 소홀할 수밖에 없습니다. 물론 신앙과 말씀을 게을리 해도 된다는 면죄부는 결코 아닙니다. 하나님께서는 이런 성도들을 위하여 교회(신앙)에 지도자들을 세우셨습니다. 하나님께서 그들에게 먹을 것과 입을 것을 주셨습니다. 그들의 시간을 말씀을 위해 사용할 수 있도록 해주셨습니다. 말씀 속에서 하나님의 뜻과 길을 발견하여 삶에 쫓기는 성도들을 말씀으로 인도하라는 사명을 주셨습니다. 그런데 그런 지도자들이 맹인이 되어버리고 말았으니 그 죄가 얼마나 큰 죄입니까? 특권은 챙기고 의무는 등을 돌렸습니다. 그러니 하나님께 받은 특권은 모두 반납되고, 거기에 사명을 감당하지 못한 죄까지 가중하여 치르게 될 것입니다.

예수님께서는 맹인 된 저들의 죄를 10장에서 구체적으로 말씀하십니다. 요한복음 9장과 10장은 따로 떨어진 장이 아닙니다. 연결해서 보아야 합니다. 최소한 9장 1절부터 10장 21절까지는 하나의 본문으로 보아야 합니다. 요한복음 9장의 마지막 절 41절과 10장 1절이 동일하게 붉은 색으로 기록되어 있습니다. 예수님의 한 말씀으로 이어져 있습니다. 또 하나는, 9장 1절과 본문의 마지막 절인 10장 21절에 "맹인"(τυφλός-튀플로스)이라는 표현이 나옵니다. 9장 1절부터 10장 21절의 본문을 맹인에서, 영적인 맹인이라는 주제로 이끌어가신 것입니다.

예수님께서 맹인 된 인도자들을 "절도"와 "강도", "삯꾼"이라고 불렀습니다(요 10:1, 8). 그들이 목자인 줄 알고 있던 세상에게 그들은 결코 목자가 아니라고 심판하셨습니다. 절도(κλέπτης-클렙태스)와 강도(ληστής-래스태스)는 훔치고 약탈하는 자입니다. 맹인 된 인도자가 하나님의 양을 훔치고 약탈했습니다. 하나님의 양을 하나님께로 인도하지 않고 구덩이로 인도했으니 하나님께로부터 양을 훔치고 약탈한 것과 다를 바가 없습니다. 삯꾼(μισθωτός-미스쏘토스)도 마찬가지입니다. 하나님께서 맡기신 양을 두고 도망갔으니 하나님의 종이 아닙니다. 맹인 된 지도자들의 죄가 이렇게 큽니다.

예수님께서 세상을 심판하셨습니다. 그러나 예수님의 목적은 정죄가 아닙니다. 구원입니다. 저들이 하나님의 백성을 하나님께로 인도할 수 없는 자라고 심판하심은 이제 예수님께서 하나님의 백성을 하나님께로 인도할 선한 목자가 되어주시기 위함입니다. 본문의 말씀대로, 예수님께서는 선한 목자이십니다. 예수님께서는 보내신 하나님의 뜻대로 말씀하시고 행하셨습니다. 예수님께서는 구원을 베풀어주셨습니다(9절). 생명을 주시고, 더 풍성히 주셨습니다(10절). 양들을 위하여 목숨을 버리셨습니다(11절). 주님께서 베풀어주신 이 모든 은혜를 믿음으로, 사모함과 간절함으로 얻는 복된 성도가 되기를 바랍니다.

예수님께서 선한 목자가 되어주시는 또 하나의 이유가 있습니다. 예수님께서는 양 앞에 서서 가십니다(4절). ἔμπροσθεν αὐτῶν πορεύεται(엠프로스쎈 아우톤 포류에타이) 목적지를 알고, 길을 알고, 방향을 알아야 양의 앞에 서서 인도할 수 있습니다. 길과 진리와 생명되신 예수님만 양 앞에 서서 인도하실 수 있습니다. 세상 그 어떤 것, 다른 것이 우리 앞에 서려고 해도 서지 못하게 해야 합니다. 한편으로는, 우리가 그것들을 우리 앞에 세워서도 안 됩니다. 하나님의 생명의 길로 인도받을 수 없습니다. 선한 목자 되신 예수 그리스도만 앞에 서셔야 하고, 그분만 따라가야 합니다.

예수님께서는 선한 목자이시고, 성도는 예수 그리스도의 양입니다. 어떤 양이 되어야 할까요? 4절에서 볼 수 있듯이, "그의 음성", 예수 그리스도의 음성을 알아야 합니다. 그래야 목자 되신 예수 그리스도를 따라갈 수 있습니다. "타인의 음성은 알지 못하는 고로 타인을 따르지 아니하고 도리어 도망하느니라"(5절) 타인의 음성이 예수님의 음성이 아니라는 것을 분별할 수 있어야 합니다. 예수님의 음성을 정확히 알아야 예수님의 음성이 아닌 타인의 음성을 구별할 수 있습니다. 예수님의 말씀, 성경을 정확히 알아야 절도와 강도, 삯꾼, 이단의 교설과 사설을 구별할 수 있습니다.

신앙에서, 예수님을 믿는 일에서 가장 중요한 사항은 예수님의 음성을 듣는 것이며, 예수님의 음성이 아닌 것을 구별해내는 것입니다. 성도의 관심은 늘 하나님의 말씀, 성경말씀을 통하여 선한 목자이신 예수 그리스도의 음성을 듣고 구별하는 것에 맞춰져 있어야 합니다. 그래서 호세아 선지자는 "그러므로 우리가 여호와를 알자 힘써 여호와를 알자….”(호 6:3)라고 선포하였습니다. 성도가 평생 힘써야 할 일이 여호와를 아는 것, 힘써 여호와를 아는 것이라고 말씀하였습니다.

하나님을 떠난 이스라엘 백성은 영적인 간음자였습니다. 마치 맹인 된 인도자가 자신이 맹인임을 몰랐던 것과 같이, 이스라엘은 자신들이 여호와 하나님께 영적인 간음자라는 것을 몰랐습니다. 하나님을 섬기고 있다고 착각하였습니다. 하나님께서 호세아 선지자의 예언을 통하여 영적인 간음을 분별하고 치료할 수 있는 길을 말씀해 주셨습니다. 이는 여호와를 아는 것, 힘써 여호와를 아는 것입니다.

성도의 관심은 여호와를 아는 것, 힘써 여호와를 아는 것입니다. 세상의 삶이 바쁘고, 힘들어 힘써 여호와를 아는 것이 결코 쉬운 일은 아닙니다. 그러나 그런 삶이기에 더욱더 여호와를 힘써 알아야 합니다. 혹은 그렇게 못한다 할지라도 바쁘다는 핑계와 다른 사람들도 다 그렇게 한다는 핑계로 내가 하나님을 힘써 알지 못하고 있는 부끄러운 모습을 합리화시켜서는 안 됩니다. 자신을 합리화시켜 버리면, 그 핑계를 믿고서는 하나님을 힘써 알려는 마음조차도 가지지 않기 때문입니다. 삶에 쫓기지만, 신앙의 수고와 열정으로 힘써 하나님을 아는, 구원을 베푸시는 선한 목자 되신 예수 그리스도를 힘써 따라가는 구원의 성도가 되기를 기도합니다.

나사로를 살리심 I

마리아의 섬김과 헌신 - 신앙고백

"어떤 병자가 있으니 이는 마리아와 그 자매 마르다의 마을 베다니에 사는 나사로라 이 마리아는 향유를 주께 붓고 머리털로 주의 발을 닦던 자요 병든 나사로는 그의 오라버니더라 이에 그 누이들이 예수께 사람을 보내어 이르되 주여 보시옵소서 사랑하시는 자가 병들었나이다 하니 예수께서 들으시고 이르시되 이 병은 죽을 병이 아니라 하나님의 영광을 위함이요 하나님의 아들이 이로 말미암아 영광을 받게 하려 함이라 하시더라"(요한복음 11장 1~4절)

예수님께서는 나사로와 그의 누이 마르다와 마리아를 사랑하셨습니다. 마르다와 마리아는 예수님께 사람을 보내 오라비 나사로의 병든 사실을 알렸습니다. 마르다와 마리아의 심부름을 받아 예수님께 간 그 사람은 병든 사람이 나사로라고 말하지 않고, "사랑하시는 자", 예수님께서 사랑하시는 자가 병들었다고 전했습니다(3절). "사랑하시는 자"로 표현한 것은 마르다와 마리아의 생각일 수 있습니다. 아니면, 마르다와 마리아의 심부름을 받아서 간 그 사람의 표현일 수도 있습니다. 예수님께서 나사로와 그의 누이 마르다와 마리아를 사랑하시는 것을 그도 느낄 수 있을 정도였던 것 같습니다.

예수님께서도 나사로를 "우리 친구 나사로"라고 부르셨습니다(11절). 예수님과 나사로, 그의 누이와의 관계가 이러한 관계였기에 예수님께서는 나사로를 살리기 위해 유대로 다시 들어가셨습니다. 예수님께서 유대로 다시 들어가시는 것은 매우 어려운 일입니다. 10장 31절, "유대인들이 다시 돌을 들어 치려 하거늘." 예수님께서는 유대인들의 살해 위협을 피해 유대를 빠져나오셨습니다. 그런 유대로 다시 들어간다는 것은 목숨을 걸어야 하는 일입니다. 제자들도 이러한 사실을 잘 알고 있었습니다.

8절에서, "랍비여 방금도 유대인들이 돌로 치려 하였는데 또 그리로 가시려 하나이까"라고 제자들이 예수님의 유대행 결정을 만류하였습니다. "유대인들이 돌로 치려 하였는데", νῦν ἐζήτουν σε λιθάσαι οἱ Ἰουδαῖοι(뉜 에재툰 세 리싸사이 호이 유다이오이), '유대인들이 당신을 돌로 치기를 구하고 있었습니다.' ἐζήτουν(에재툰)은 ζητέω(재테오)의 미완료형입니다. 미완료형은 '미완료', 아직 끝나지 않은 것, 곧 과거진행형과 같습니다. 유대인들이 예수님께 돌을 던지려고 했던 것은 한 번만이 아닙니다. 지금도(νῦν-뉜) 계속해서 기회를 엿보고 있다는 것입니다. 그러기에 다시 유대로 들어가는 것은 죽으러 가는 길과 다르지 않았습니다.

16절의, "우리도 주와 함께 죽으러 가자"는 도마의 결단대로 유대로 다시 들어가는 것은 목숨을 걸어야만 하는 위험한 길입니다. 그러나 예수님께서는 사랑하는 나사로와 그의 누이, 마르다와 마리아를 위해 다시 유대로 들어가셨습니다. 예수님께서는 사랑하는 자를 위해 이런 위험을 마다하지 않으십니다. 우리가 주님의 사랑하는 자가 될 수만 있다면, 주님께서는 우리에게도 이런 은혜를 베풀어주실 것입니다. 우리를 위해서 물과 불을 가리지 않으시고 함께 하실 분이 예수님입니다. 주님께서는 우리에게 이런 은혜를 베풀어 주시려고 우리가 주님을 사랑하기만을 기다리고 계실 것입니다.

나사로와 그의 누이 마르다와 마리아는 얼마나 예수님을 사랑했을까요? 마리아는 음식 준비하는 마르다와는 달리 예수님의 발치에 앉아 예수님의 말씀을 사모하였습니다. 예수님께로부터 "이 좋은 편"을 택하였다고, 지혜로운 마리아라고 칭찬을 받을 정도로 말씀을 사모했습니다(눅 10:42). 예수님께서는 말씀을 사모하는 것을 가장 기뻐하십니다. 오늘 본문을 통해서도 예수님을 사랑한 마리아의 모습을 볼 수 있습니다. "이 마리아는 향유를 주께 붓고 머리털로 주의 발을 닦던 자요 병든 나사로는 그의 오라비더라" 마리아는 지극히 비싼 향유를 예수님의 발에 붓고 자신의 머리털로 주님의 발을 닦았습니다.

마리아가 향유로 주님의 발을 닦은 기사는 바로 다음 장, 요한복음 12장 1절 이하에도 기록되어 있습니다. 이 두 사건을 같은 사건으로 볼 수도 있고, 다른 사건으로도 볼 수 있습니다. 다른 사건으로 본다면, 마리아는 예수님의 발을 지극히 비싼 향유로 두 번씩이나 닦아드린 것이 됩니다. 마리아가 예수님을 이 정도로 사랑하고 섬겼습니다. 그래서인지 나사로를 소개하면서 "그의 오라비더라", 곧 '마리아의 오라비'라고 소개하고 있습니다. 마리아를 통해 나사로를 소개하는 것은 예수님께 이러한 헌신과 섬김을 드린 마리아의 존재감을 나타내는 표현이라 할 수 있습니다.

같은 사건으로 본다면, 요한이 요한복음을 기록하면서 12장에 나오는 사건을 11장에 소급하여(?) 기록한 것입니다. 향유를 예수님의 발에 부어 자신의 머리털로 닦아 예수님의 장례를 준비했던 마리아의 섬김과 헌신이 그만큼 대단한 사건이었기에 아직 행해지지 않은 사건이었음에도 불구하고, 11장에 소급하여 기록한 것입니다. 마리아가 주님의 발에 향유를 붓고 자신의 머리털로 닦은 것은 대단한 사건입니다. 그랬기에 예수님께서도 마리아의 이러한 섬김을 크게 칭찬하셨습니다.

예수님께 기름을 부은 마리아의 섬김과 헌신이 주님께 칭찬을 들었던 것은 예수님께서 말씀해주신 것과 같이 주님의 장사를 준비하는 것이었기 때문입니다. "그를 가만 두어 나의 장례할 날을 위하여 그것을 간직하게 하라"(요 12:7) 주님께서는 제자들에게 여러 번 주님께서 십자가를 지고 돌아가실 것을 말씀하셨습니다. 그러나 제자들은 주님의 말씀을 알아듣지도 기억하지도 못했습니다. 그런데 마리아는 달랐습니다. 그녀는 주님의 말씀을 마음에 간직하고 주님의 장례를 준비하기 위하여 귀한 기름을 준비하여 주님께 부었습니다. 우리도 주님의 말씀을 간직하고 이 말씀에 따라 행하는 성도가 되어야 합니다. 마리아가 주님께 향유를 부은 것은 또 하나의 중요한 의미를 지니고 있습니다. 그래서 주님께서 마리아의 이 행위를 기억하라고 말씀하신 것입니다. 병행본문인 마가복음 14장 9절을 헬라어 원문으로 살펴보겠습니다. ἀμὴν δὲ λέγω ὑμῖν, ὅπου ἐὰν κηρυχθῇ τὸ εὐαγγέλιον εἰς ὅλον τὸν κόσμον, καὶ ὃ ἐποίησεν αὕτη λαληθήσεται εἰς μνημόσυνον αὐτῆς(아맨 데 레고 휘민, 호푸 에안 캐뤽쌔 토 유앙겔리온 에이스 홀론 톤 코스몬, 카이 호 에포이애센 하우태 랄래쌔세타이 에이스 므내모쉬논 아우태스.)

ἀμὴν δὲ λέγω ὑμῖν(아맨 데 레고 휘민), '내가 진실로 너희에게 말한다.' ἀμήν(아맨, 진실로)은 예수님께서 강조하여 말씀하실 때 사용하시는 표현입니다. 중요한 것이라고 예수님께서 말씀하고 있습니다. 예수님께서 ἀμήν(아맨, 진실로)으로 말씀하신 복음은 어떤 일이 있어도 반드시 헤아리고 지켜야 합니다.

ὅπου ἐὰν κηρυχθῇ τὸ εὐαγγέλιον εἰς ὅλον τὸν κόσμον(호푸 에안 캐뤽쌔 토 유앙겔리온 에이스 홀론 톤 코스몬), '세상 안으로 복음이 전파되는 곳에는', καὶ ὃ ἐποίησεν αὕτη λαληθήσεται εἰς μνημόσυνον αὐτῆς(카이 호 에포이애센 하우태 랄래쌔세타이 에이스 므내모쉬논 아우태스), '이 여인이(마리아가) 행한 일(섬김과 헌신)도 그녀의 기억(기념)을 위하여(그녀가 한 일을 기억-기념하기 위하여, 그녀를 기념하기 위하여) 이야기될 것이다.'

καὶ ὃ ἐποίησεν αὕτη(카이 호 에포이애센 하우태)에서 καὶ(카이)는 'even'의 의미를 나타냅니다. '이 여인이(마리아가) 행한 일도'라고 해석됩니다. 예수 그리스도의 복음을 세상에 전파할 때, 마리아의 이 헌신과 섬김을 복음과 함께 전파하라는 예수님의 당부이며, 명령입니다. 예수님께서 마리아의 헌신과 섬김을 세상에 전파되어야 할 복음과 동격으로 놓고 말씀하시는 것이라 해석할 수 있습니다. 맞습니다. 마리아의 섬김과 헌신은 단순한 섬김과 헌신이 아니라, 복음과 함께 전파되어야 할 '복음의 고백'이었기 때문입니다.

마리아가 예수님께 향유(기름)를 부었습니다. 기름을 붓는 예식은 중요한 의미를 지니고 있습니다. 여호와의 성막의 성구들을 거룩하게 성별하기 위하여 기름을 부었습니다. 또한 하나님의 사람, 왕이나 제사장 혹은 선지자를 세울 때에도 머리에 기름을 부어 하나님의 사람으로 거룩하게 성별하였습니다. 메시아 역시 '기름부음 받은 자'를 의미합니다. 구약의 메시아를 의미하는 신약의 그리스도, Χριστός(크리스토스)는 '기름 붓다'를 의미하는 χρίω(크리오)의 수동형 분사로서 '기름부음 받은 분'을 의미합니다.

요한복음 11장과 12장은 마리아가 주님께 향유를 부은 부위가 예수님의 발이라고 기록하고 있습니다. 그러나 병행본문인 마태복음 26장 7절과 마가복음 14장 3절은 예수님의 "머리"에 향유를 부었다고 기록하였습니다. 차이가 있기는 하지만, 병행본문들을 통하여 마리아가 예수님께 기름을 부은 것이 예수님께서 그리스도 되심을 고백하는 신앙고백의 행위였음을 알 수 있습니다.

예수님께서는 베드로의 "주는 그리스도시오 살아계신 하나님의 아들이시니이다"(마 16:16)의 신앙고백을 칭찬하셨습니다. 베드로의 고백의 핵심은 "예수님은 그리스도"라는 사실입니다. 예수님께서 이 고백 위에 교회를 세우실 정도였습니다. 예수님께 기름을 부어 주님께서 그리스도이심을 고백한 마리아의 신앙고백도 베드로의 신앙고백과 같은 고백입니다. 그래서 예수님께서 마리아의 이 신앙고백을 복음과 함께 온 천하에 전파하라고 명령하신 것입니다. 복음과 함께 전파되어야 하는 복음 중의 복음이기 때문입니다.

그래서 예수님께서 마리아의 섬김과 헌신을 εἰς μνημόσυνον(에이스 므내모쉬논), '기념 안으로', 기념하라고 당부(명령)하신 것입니다. 개

역개정성경은 이것을 '기억하라'라고 표현했지만, '기념하라'라고 해석할 수도 있습니다. '기억하라'는 의미로 번역된 μνημόσυνον(므내모쉬논)의 어근 μνη-(므내-)는 ἀνάμνησις(아나므내시스)의 μνη-(므내-)와 동일한 어근입니다. 예수님께서는 마지막 만찬을 행하시며 "이것은 너희를 위하여 주는 내 몸이라 너희가 이를 행하여 나를 기념하라"고 명령하셨습니다(눅 22:19). 여기서 "기념하라"의 원문의 표현이 바로 ἀνάμνησις(아나므내시스)입니다.

성만찬을 반드시 기념(ἀνάμνησις-아나므내시스)해야 한다고 명령하셨던 예수님께서 마리아의 헌신과 섬김도 반드시 기념(εἰς μνημόσυνον-에이스 므내모쉬논)해야 한다고 명령하셨습니다. 그 귀하고 거룩한 성만찬과 마리아의 섬김과 헌신을 동격으로 놓고 말씀하셨습니다. 마리아의 섬김과 헌신이 신앙고백과 함께하였던 것과 같이 성도의 섬김과 헌신도 신앙고백과 함께해야 합니다. 신앙고백 없는 섬김과 헌신은 세상의 봉사일 뿐입니다. 봉사가 좋은 것이지만, 성도는 봉사를 초월하는 존재가 되어야 합니다. '예수님께서 메시아, 그리스도이십니다.'라는 신앙고백 안에서 섬김과 헌신으로 나아가는 복된 성도가 되기를 기도합니다.

나사로를 살리심 II
하나님의 영광을 위하여

"어떤 병자가 있으니 이는 마리아와 그 자매 마르다의 마을 베다니에 사는 나사로라 이 마리아는 향유를 주께 붓고 머리털로 주의 발을 닦던 자요 병든 나사로는 그의 오라버니더라 이에 그 누이들이 예수께 사람을 보내어 이르되 주여 보시옵소서 사랑하시는 자가 병들었나이다 하니 예수께서 들으시고 이르시되 이 병은 죽을 병이 아니라 하나님의 영광을 위함이요 하나님의 아들이 이로 말미암아 영광을 받게 하려 함이라 하시더라"(요한복음 11장 1~4절)

바로 앞 장에서 살펴본 바와 같이, 마리아는 이렇게 예수님을 사랑했습니다. 나사로는 어떻게 사랑했을까요? 나사로가 예수님을 어느 정도 사랑했는지는 그가 예수님께로부터 소생의 기적을 경험하고 난 후에 그가 한 일을 통해 살펴볼 수 있습니다. "대제사장들이 나사로까지 죽이려고 모의하니 나사로 때문에 많은 유대인들이 가서 예수를 믿음이러라"(요 12:10~11) 나사로는 죽음을 각오하고, 자신의 목숨을 내놓고 예수님을 전도했습니다. 이 정도로 주님을 사랑했습니다. 그래서 예수님께서 나사로를 살리시기 위하여 유대로 죽음을 감수하시며 들어가셨습니다.

그러나 예수님께서 유대로 들어가신 것은 단순히 나사로를 살리시기 위한 것만은 아닙니다. 예수님께서는 나사로의 병(죽음)이 하나님의 영광을 위한 것이라고 말씀하셨습니다(요 11:4). 나사로를 살리시는 표적을 통하여 하나님의 영광을 나타내고, 하나님의 아들이신 예수 그리스도께서 영광 받으시고자 하셨습니다. 하나님의 아들이신 예수 그리스도께서 영광을 받으시는 것은 42절, "항상 내 말을 들으시는 줄을 내가 알았나이다 그러나 이 말씀 하옵는 것은 둘러선 무리를 위함이니 곧 아버지께서 나를 보내신 것을 그들로 믿게 하려 함이니이다"라는 말씀과 같이, 세상이 예수님을 하나님께서 보내신 하나님의 아들이시라고 믿는 것입니다. 이때 예수님께서는 영광을 받으십니다.

예수님께서는 죽음의 위협이 있는 유대로 들어가셨습니다. 예수님의 생각과 행동의 기준은 하나님의 영광이었기 때문입니다. 죽음과 세상의 것들을 위하여 사명과 사역을 결정하신 것이 아니라, 하나님의 영광을 따라 사명과 사역을 결정하신 예수님이십니다. 하나님께 영광을 돌리는 것에는 목숨도 돌아보지 않으셨습니다. 우리의 삶도 세상의 것이 이끄는 것이 아니라, 하나님의 영광, 하나님께서 주신 사명이 이끄는 삶이어야 합니다. 목숨까지는 못한다 하더라도 하나님의 영광을 위하여 작은 것들을 기꺼이 감수하고 손해 볼 수 있을 정도의 신앙은 되어야 합니다.

예수님께서 베다니에 도착하셨습니다. "나사로가 무덤에 있은 지 이미 나흘"입니다(17절). 예수님께서 늦게 도착하신 것처럼 보입니다. 마르다와 마리아도 예수님께서 늦게 도착하셨다고 생각하는 듯합니다. 그래서 예수님을 원망합니다. "주께서 여기 계셨더라면 내 오라버니가 죽지 아니하였겠나이다"(21절) 예수님께서 일찍 오셨다면 오라비 나사로가 죽지 않았을 것이라고, 왜 이제 오셨냐고 예수님을 원망합니다.

그러나 예수님께서는 늦게 오시지 않았습니다. 예수님께서는 마르다와 마리아가 전하는 나사로의 병든 소식을 들으시고 그곳에 이틀을 더 유하고는 오셨습니다. 예수님께서 도착하셨을 때는 나사로가 무덤에 있은 지 나흘 되던 날입니다. 예수님께서 이틀을 유하지 않고 바로 오셨다 해도 나사로가 무덤에 있은 지 이틀 되던 날입니다. 예수님께서는 그 만큼 먼 곳에 계셨습니다. 마리아와 마르다는 이 사실을 알고 있었습니다. 결과적인 이야기이지만, 마르다와 마리아는 예수님께서 오시기를 구하고 기다리는 것보다는 수님께서 말씀하셔서 나사로를 고쳐달라는 백부장의 기도(눅 7:7)를 드렸어야 하지 않을까요?

왜 예수님께서는 나사로가 병들었다는 소식을 들으시고도 이틀을 그곳에 더 머무셨을까요? 예수님께서는 나사로의 병이 죽을병이라는 것을 아셨음에도 왜 이틀을 더 머무셨을까요? 하나님의 영광을 나타내기 위하여 나사로가 죽기를 기다리셨던 것일까요? 마르다의 말처럼, 냄새가 날 정도가 되기까지, 곧 모두가 나사로가 죽었다는 것을 알 수 있도록 하기 위해서 이틀을 더 기다리신 것일까요? 아니면 예수님께서 나사로의 집에 도착하셨을 때, 많은 유대인들이 나사로를 위문하러 왔다는 말씀과 같이 많은 사람들이 모이도록 적절한 날을 택하시기 위해 이틀을 더 기다리신 것일까요? 많은 사람 앞에서 완전히 죽은, 누구도 부인할 수 없는 죽은 자 나사로를 다시 살리심으로 하나님의 영광을 나타내고자 하신 것일까요? 아니면 예수님께서 이틀을 더 머무셔서 나사로가 무덤에 있은 지 나흘이 되어야만 했던 어떤 다른 이유가 있었던 것일까요?

나사로를 살리신 말씀이 기록된 요한복음 11장에서 상대적으로 많은 분량을 차지하고 있는 내용은 예수님과 마르다의 대화입니다. 마르다가 예수님과 나누는 이 대화를 보면, 마르다는 두 번씩이나 '알고 있다'고 말합니다(22, 24절). '믿고 있다'(27절)고 고백하며 자신의 믿음의 고백까지(27절) 드립니다. 얼핏 보면, 마르다가 믿음이 좋은 것 같습니다. 그러나 조금만 살펴보면, 마르다의 '알고 있음'과 '믿음의 고백'이 예수님의 의도와는 다른 것임을 알 수 있습니다. 물론 마르다가 알고 있고 믿고 있고 고백하는 내용이 틀린 것은 아닙니다. 맞습니다. 다만, 이 상황 속에서 예수님께서 뜻하신 것과는 다르다는 말입니다.

22절에서, 마르다는 예수님께서 지금이라도 무엇이든지 구하시면 하나님께서 이루어주실 줄 안다고, 믿는다고 말합니다. 본문의 문맥에서 "무엇이든지"의 의미는 예수께서 하나님께 죽은 나사로를 살려달라고 구하시면, 하나님께서 나사로를 살려 주실 것을 자신이 알고 있다는 것입니다. 대단한 믿음이고, 대단한 영적인 지식입니다. 23절에서, 예수님께서는 마르다의 간구함을 들으시고, "네 오라비가 다시 살아나리라" 말씀하셨습니다. 예수님의 응답에 마르다는 당연히 "아멘!" 했어야 합니다. 그런데 24절을 보면, 마르다는 오라비 나사로가 "마지막 날 부활 때에" 다시 살아날 것이라고 말합니다. 예수님께서는 마리아의 소원과 믿음대로 지금 살려주시겠다고 하시자 마리아가 딴소리를 합니다.

마리아는 안다고 했지만, 사실은 알지 못했습니다. 그래서 예수님께서는 마르다가 말한 것과 같이 "마지막 날에 부활 때에" 나사로를 살리시는 것이 아니라, 지금 나사로를 살리시겠다고 다시 한 번 마르다에게 확인하여 말씀해주십니다. 25절, "나는 부활이요 생명이니 나를 믿는 자는 죽어도 살겠고…." 헬라어 원문으로는 ἐγώ εἰμι ἡ ἀνάστασις καὶ ἡ ζωή· ὁ πιστεύων εἰς ἐμὲ κἂν ἀποθάνῃ ζήσεται(에고 에이미 해 아나스타시스 카이 해 조애· 호 피스튜온 에이스 에메 칸 아포싸내 재세타이)입니다.

예수님께서는 마르다에게 예수님이 부활이며 생명이라고 말씀하셨습니다. 마르다는 예수님을 마지막 날, 곧 미래의 부활의 주라고 알고 있고 고백했습니다. 맞습니다. 그러나 예수님께서는 오늘, 현재의 부활의 주님이기도 하십니다. 그래서 예수님께서 마르다에게 ἐγώ εἰμι ἡ ἀνάστασις καὶ ἡ ζωή·(에고 에이미 해 아나스타시스 카이 해 조애·)라고 말씀해주신 것입니다. 예수님께서는 be동사 현재형 εἰμι(에이미)를 통해 현재의 부활의 주님이심을 말씀하셨습니다. 예수님께서는 미래의 부활의 주님이실 뿐만 아니라 지금, 현재의 부활의 주님이십니다. 오늘 부활의 주님을 체험하는 죄인이 하나님의 의인이 되어 "마지막 날에" 부활할 수 있습니다.

마르다는 오라비 나사로의 부활(소생의 기적)이 미래의 일이라고 굳게 믿고 있지만, 예수님께서는 이 부활의 역사가 지금 이루어질 것이라고 마르다에게 말씀하셨습니다. 부활과 생명의 주님은 미래의 부활과 생명의 주님이실 뿐만 아니라, 오늘도 역사하시는 생명과 부활의 주님이십니다. 오늘의 생명과 부활의 주님이시기에 미래의 생명과 부활의 주님이시기도 하다는 것을 믿습니다. 예수님께서는 마르다에게 이것을 믿느냐고 물으셨습니다. 27절에서, 마르다는 잘 알고 있다고 대답합니다. 그러나 사실은 모르고 있습니다.

마르다는 ναὶ κύριε(나이 퀴리에)라고 대답합니다. "YES(ναὶ-나이)"라고 자신만만하게 대답하였습니다. 두 번째는 ἐγὼ πεπίστευκα ὅτι σὺ εἶ ὁ Χριστὸς ὁ υἱὸς τοῦ θεοῦ ὁ εἰς τὸν κόσμον ἐρχόμενος(에고 페피스튜카 호티 쉬 에이 호 크리스토스 호 휘오스 투 쎄우 호 에이스 톤 코스몬 엘코메노스)라고 대답합니다. ἐγὼ πεπίστευκα ὅτι(에고 페피스튜카 호티). ὅτι(호티, that 절 이하를) 이하를 믿는다고("믿나이다") 대답합니다. "믿나이다"의 원문의 표현은 πεπίστευκα(페피스튜카)입니다. 이것은 완료형입니다. 자신이 이러한 사실을 벌써부터 믿어왔다고 자신만만하게 대답합니다. 예수님께서 그리스도이시며 세상에 오시는 하나님의 아들이심을 벌써부터 믿고 있었다는 것입니다.

마르다는 두 번씩이나 안다고, 벌써부터 믿어왔다고 고백했습니다. 그러나 마리아의 주장과 달리 마리아는 예수님의 의도, 예수님의 뜻과는 다른 방향에서 대답했습니다. 내가 안다고 주장하고, 내가 믿는다고 확신한다고 해서 반드시 알고, 믿고 있는 것은 아닙니다. 내 주장과 확신이 아니라, 예수님의 인정, 최종승인을 향하여 달려가는 신앙이 되어야 합니다. 39절에서, 예수님께서는 "돌을 옮겨놓으라"고 말씀하셨습니다. 이때 다른 사람들은 다 조용했습니다.

그런데 공교롭게도 마르다가 예수님의 말씀에 대답합니다. "주여 죽은 지가 나흘이 되었으매 벌써 냄새가 나나이다"(39절)

마르다의 이 대답은 두 가지 의미로 살펴볼 수 있습니다. 마리아는 예수님께서 왜 나사로가 매장된 무덤의 돌을 옮겨놓으라고 말씀하시는지 전혀 몰랐습니다. '죽은 지 나흘이 되어 냄새가 진동하는 무덤의 문을 왜 열라고 하시는 겁니까?'라고 오히려 예수님께 반문하는 것입니다. 아니면, 나흘이 지나 벌써 냄새가 나기 때문에 이제는 예수님께서도 나사로를 다시 살릴 수 없다는 의미입니다.

마르다는 입으로는 예수님께서 그리스도이시며, 세상에 오시는 하나님의 아들이심을 믿는다고, 벌써부터 확실히 믿어왔다고 고백했지만, 예수님의 말씀에 대답하는 그의 앎과 고백은 다른 모습이었습니다. 그래서 예수님께서는 마르다가 주님의 말을 믿지 못하고 있나고 말씀하셨습니다. "예수께서 이르시되 내 말이 네가 믿으면 하나님의 영광을 보리라 하지 아니하였느냐 하시니"(40절) 우리도 마찬가지입니다. 우리도 안다고 하지만 믿는다고 하지만 사실은 잘 알지 못하고 믿지 못하고 있을 때가 있습니다.

부활과 생명의 예수님께서 무덤에 있은 지 나흘 된 나사로에게 명령하십니다. "나사로야 나오라" 죽은 나사로가 장례된 그 모습 그대로 예수님의 명령에 순종하여 무덤에서 나옵니다. 예수님의 말씀에 죽은 자까지도 순종합니다. 예수님의 말씀에 바람과 바다도 순종하였습니다(마 8:27). 죽은 자와 자연, 바람과 바다까지도 주님께 순종합니다. 살아 있는 우리도 예수님을 그리스도, 하나님의 아들로 고백하며 주님의 말씀과 명령에 순종해야 합니다. 이것이 믿음입니다. 이 믿음이 주님의 기적을 경험하게 하는 통로입니다. 이 믿음이 기적을 통하여 하나님의 영광을 세상에 나타냅니다. 우리의 믿음이 기적을 넘어 하나님의 영광을 위한 통로로, 가장 순전한 모습의 믿음으로 세워지기를 바랍니다.

나사로를 살리심 III

예수님의 위기 - 대제사장들과 바리새인들의 명령

ἐντολή 엔톨래, 계명

"이 날부터는 그들이 예수를 죽이려고 모의하니라"(요한복음 11장 53절)

예수님께서 죽은 나사로를 살리셨습니다. 이 표적을 통하여 많은 유대인들이 예수님을 믿게 되었습니다. 예수님을 돌로 치려고 했던 유대인들이었지만(요 10:31), 죽은 나사로를 살리시는 하나님의 아들 예수 그리스도의 표적 앞에서는 믿지 않을 수 없었습니다. 그러나 그 중에 어떤 유대인들은 바리새인에게로 가서 예수님께서 나사로를 살리신 것을 알렸습니다.

바리새인들과 대제사장들은 공회(συνέδριον-쉬네드리온)를 소집했습니다. 예수님을 그대로 두면 모든 사람이 예수님을 믿게 되고, 예수님을 왕으로 세워 로마에 정치적인 독립을 꾀할 것이라고 계산했습니다. 그렇게 되면, 로마의 군인이 반란을 진압하러 올 것이고, 로마가 유대의 땅과 민족을 빼앗아버리게 될 것이며, 자신들의 권력의 기반도 잃게 될 것이라고 염려하고 걱정했습니다. 이런 위기의식을 해결하기 위해 공회를 소집했습니다. 신앙을 위해서가 아니라, 자신들의 이익을 지키고 보호하기 위해 소집한 공회입니다. 물론 예수님께서는 결코 무리의 임금이 되실 생각이 없으셨습니다(요 6:15).

바리새인이며 대제사장이었지만 저들의 관심은 신앙이 아니었습니다. 47절, "이에 대제사장들과 바리새인들이 공회를 모으고 이르되 이 사람이 많은 표적을 행하니 우리가 어떻게 하겠느냐." 저들도 예수님께서 행하신 일이 표적(σημεῖον-새메이온)임을 인정하였습니다. 마가복음 8장 11절, "바리새인들이 나와서 예수를 힐난하며 그를 시험하여 하늘로부터 오는 표적을 구하거늘." 바리새인들이 예수님께 하늘로부터, 곧 하나님께로부터 오는 표적을 구했습니다. 예수님께서 하나님의 아들, 그리스도이신 증거가 되는 표적을 예수님께 요구한 것입니다. 물론 보고서 결정하겠다는 것이 아니라 표적도, 증거도 없으면서 왜 하나님의 아들, 그리스도라고 주장하느냐는 비난의 말입니다. 그래서 "힐난"했다고 기록하고 있습니다.

바리새인들도 예수님께서 나사로를 살리신 것은 표적으로 믿지 않을 수 없었던 모양입니다. 저들의 말대로 예수님께서 표적을 보여주셨습니다. 예수님을 돌로 치려했던 많은 유대인들은 예수님께서 보여주신 표적을 통하여 예수님을 믿었습니다. 그러나 바리새인들은 예수님께서 표적을 보여주셔도, 예수님을 믿지 않았습니다. 오히려 예수님을 죽이려고 합니다.

50절에서, 대제사장 가야바가 예수님을 죽여 화근을 제거하자고 제안합니다. 53절에서는, 이날부터 바리새인들과 대제사장들이 예수님을 죽이려고 모의했습니다. 저들은 빌라도를 압박하여 예수님을 십자가에 못 박았습니다. 저들이 예수님을 죽였습니다. 저들이 죽인 것처럼 보입니다. 그러나 52절을 보십시오. "또 그 민족만 위할 뿐 아니라 흩어진 하나님의 자녀를 모아 하나가 되게 하기 위하여 죽으실 것을 미리 말함이러라"

ἔμελλεν Ἰησοῦς ἀποθνῄσκειν ὑπὲρ τοῦ ἔθνους(에멜렌 예수스 아포쓰내스케인 휘페르 투 에쓰누스, 원문으로는 51절) '예수께서 그 민족을 위해서 죽고자 하셨다.' ἔμελλεν(에멜렌)의 기본형 μέλλω(멜로)는 여러 가지 의미 중에서 'intend to'의 의미를 가지고 있습니다. 사람들은 예수님께서 죽임 당하셨다고, 저들이 예수님을 십자가에 달아 죽였다고 합니다. 그러나 본문의 표현 μέλλω(멜로)를 통해 '죽으신 것', '십자가를 지신 것'은 예수님의 의도이며, 순종이셨음을 알 수 있습니다. 예수님의 죽음이 타인의 강제가 아니라, 자발적인 의도의 순종이셨음을 본문(11장)의 전후, 10장과 12장을 통해서도 살펴볼 수 있습니다. 10장과 12장에서도 예수님께서 하나님의 영광을 위하여 예수님의 목숨을 스스로 순종함으로 내려놓으실 것을 말씀하셨습니다.

"내가 내 목숨을 버리는 것은 그것을 내가 다시 얻기 위함이니 이로 말미암아 아버지께서 나를 사랑하시느니라 이를 내게서 빼앗는 자가 있는 것이 아니라 내가 스스로 버리노라 나는 버릴 권세도 있고 다시 얻을 권세도 있으니 이 계명은 내 아버지에게서 받았노라"(요한복음 10장 17~18절)

예수님의 생명을 빼앗은 자가 있는 것이 아니라, 예수님께서 스스로 버리셨습니다. 예수님께서 스스로 한 알의 밀알이 되어 죽으실 것을, 이 죽음을 통하여 영광을 얻으실 것을 말씀하셨습니다.

> "예수께서 대답하여 이르시되 인자가 영광을 얻을 때가 왔도다 내가 진실로 진실로 너희에게 이르노니 한 알의 밀이 땅에 떨어져 죽지 아니하면 한 알 그대로 있고 죽으면 많은 열매를 맺느니라 자기의 생명을 사랑하는 자는 잃어버릴 것이요 이 세상에서 자기의 생명을 미워하는 자는 영생하도록 보전하리라 사람이 나를 섬기려면 나를 따르라 나 있는 곳에 나를 섬기는 자도 거기 있으리니 사람이 나를 섬기면 내 아버지께서 그를 귀히 여기시리라 지금 내 마음이 괴로우니 무슨 말을 하리요 아버지여 나를 구원하여 이 때를 면하게 하여 주옵소서 그러나 내가 이를 위하여 이 때에 왔나이다"(요한복음 12장 23~27절)

대제사장들과 바리새인들은 이날부터 예수님을 죽이려고 모의했습니다(53절). 예수님께서 계신 곳을 아는 자는 신고하여 잡게 하라고 명령을 내렸습니다(57절). 대제사장들과 바리새인들이 내린 명령, 이 명령을 요한복음의 저자 요한은 ἐντολάς(엔톨라스, 기본형, ἐντολή-엔톨래)라고 기록하였습니다. 명사 ἐντολή(엔톨래)는 '명령', '계명'을 의미합니다. 동사 ἐντέλλομαι(엔텔로마이)는 '명령하다'를 의미합니다. 이 표현은 특별히 하나님께서 주어로 사용되는 경우가 많습니다. 그래서 ἐντολή(엔톨래)의 대부분의 경우는 하나님의 명령, 하나님의 계명을 의미합니다.

요한이 대제사장들과 바리새인들의 명령을 하나님의 명령,

ἐντολή(엔톨래)로 표현한 것은 저들의 지시가 당시 백성들에게는 하나님의 계명, ἐντολή(엔톨래)와 같았다는 것을 말해주려는 것입니다. 저들의 지시는 하나님의 계명, ἐντολή(엔톨래)와 같아서 어느 누구도 거역할 수 없는 명령, 계명이었습니다. 아니 그러기에 오히려 저들의 명령, ἐντολή(엔톨래)는 하나님의 계명, ἐντολή(엔톨래)보다 더 높고 큰 권위를 가지고 있었던 것이 분명합니다. 성경은 이것을 하나님의 계명과 구별하여 사람의 계명이라고 말씀합니다. 사람의 지시나 명령이 하나님의 계명, ἐντολή(엔톨래)의 권위를 가지거나, 하나님의 계명의 권위 위에 서는 것을 사람의 계명이라고 말씀합니다.

대제사장들과 바리새인들은 하나님의 계명, ἐντολή(엔톨래)를 지켜야 하는 자들입니다. 자신들의 힘과 목숨을 다하여 ἐντολή(엔톨래)를 지켜야 하는 자들입니다. 그런데 그런 자들이 자기들의 지시를 하나님의 명령, ἐντολή(엔톨래)와 같게 만들었습니다. 때로는 하나님의 계명, ἐντολή(엔톨래)보다 더 높은 권위를 가지게 만들었습니다. 하나님의 계명 옆에 나란히 자신들의 지시를 계명으로, 사람의 계명을 만들어 놓았습니다. 세상은, 성도들은 그것이 하나님의 계명인지 사람의 계명인지 분별하기가 쉽지 않습니다. 그래서 사람의 계명을 하나님의 계명이라 여길 수밖에 없고, 따를 수밖에 없습니다. 그러나 사람의 계명이기에, 거짓이기에, 하나님께서 약속하신 복과 은혜를 받을 수 없습니다. 수고하고 무거운 짐만 질 뿐입니다.

사실은 사람의 계명을 만들어놓은 저들이야말로 말할 수 없는 참람한 죄인인데, 그것도 모르고 예수님을 참람한 죄인이라고 정죄했습니다. 예수님을 참람한 죄인으로 정죄한 것을 보면, 저들이 참람한 죄인임을 알 수 있습니다. 자신들이 참람한 죄인이라고 스스로 자백하는 것입니다. 그 어느 누구의 말과 지시, 명령도 하나님의 계명, ἐντολή(엔톨래)와 함께할 수 없습니다. 물론 당연히 하나님의 계명, ἐντολή(엔톨래) 위에 설 수도 없습니다. 세워서도 안 되고, 서서도 안 됩니다.

구약시대에는 두 가지 계명이 있었습니다. 하나님의 계명과 사람의 계명입니다. 사람의 계명이란 말이 정말 틀린 말입니다. 그러나 경계하고 경각심을 주기 위해 사람의 계명이란 말을 사용한 것이라 생각됩니다. 이사야 선지자는 이사야 29장 13절에서 사람의 계명을 구별해 제해야 한다고 말합니다. 그래야 바른 신앙, 하나님께서 기뻐하시는 신앙으로 나아갈 수 있다고 말합니다.

오늘 교회에서도 하나님의 말씀과 정말 틀린 말이지만, '사람의 말씀'(사람의 말)이 있을 것이라 생각됩니다. 사람의 계명이 하나님의 계명과 같거나 위에 서서는 안 되듯이, '사람의 말씀'(사람의 말)이 하나님의 말씀과 같거나 위에 서서는 안 됩니다. 이 둘을 구별할 수 있는 복된 성도가 되시기를, 또 그리 되기 위해서 내가 가진 모든 것을 다 팔 수 있는 성도가 되시기를 기도합니다. 왜냐하면, 이 분별력은 밭에 감추어진 보화이고, 지극히 귀한 진주이기 때문입니다.

이단들은 자기가 그리스도라고 합니다. 자기의 말이 하나님의 말씀, ἐντολή(엔톨래)라고 합니다. 볼 것도 없고, 알려고 할 것도 없습니다. 이단입니다. 사람들은 자기가 높은 사람이 되고, 자기의 말이 절대적인 명령이 되어야 권위가 있고, 정통성이 있을 것이라고 착각합니다. 그래서 자기를 그리스도로, 자기의 말을 ἐντολή(엔톨래)로 만들려고 합니다. 그러나 하나님의 사람, 목사와 성도에게 가장 권위 있는 것은 하나님의 말씀을 충실하게 대언(代言)하는 것입니다. 내 말이 아니라, 하나님의 말씀을 전할 때 가장 권위가 있고, 가장 영광을 받습니다. 또한 하나님 앞에 내가 죄인임을 깨달을 때, 그때가 가장 권위 있는 사람으로 세워질 때입니다. 내가 보잘 것 없고, 쓸모없는 종, 무익한 종임을 깨달을 때가 가장 권위 있는 때입니다. 오직 하나님의 말씀만 계명, ἐντολή(엔톨래)로 받들고 하나님의 계명에 순종하는 복된 성도가 되기를 축복하며 기도합니다.

사람이 나를 섬기려면 나를 따르라

"명절에 예배하러 올라온 사람 중에 헬라인 몇이 있는데 그들이 갈릴리 벳새다 사람 빌립에게 가서 청하여 이르되 선생이여 우리가 예수를 뵈옵고자 하나이다 하니 빌립이 안드레에게 가서 말하고 안드레와 빌립이 예수께 가서 여쭈니 예수께서 대답하여 이르시되 인자가 영광을 얻을 때가 왔도다 내가 진실로 진실로 너희에게 이르노니 한 알의 밀이 땅에 떨어져 죽지 아니하면 한 알 그대로 있고 죽으면 많은 열매를 맺느니라 자기의 생명을 사랑하는 자는 잃어버릴 것이요 이 세상에서 자기의 생명을 미워하는 자는 영생하도록 보전하리라 사람이 나를 섬기려면 나를 따르라 나 있는 곳에 나를 섬기는 자도 거기 있으리니 사람이 나를 섬기면 내 아버지께서 그를 귀히 여기시리라 지금 내 마음이 괴로우니 무슨 말을 하리요 아버지여 나를 구원하여 이 때를 면하게 하여 주옵소서 그러나 내가 이를 위하여 이 때에 왔나이다"(요한복음 12장 20~27절)

헬라인 몇 사람이 빌립에게 와서 예수님 뵙기를 청했습니다(20절). 헬라인들은 왜 예수님을 뵙고자 했을까요? 빌립에게 예수님 뵙기를 청했을 때에 그들은 자신들이 예수님을 뵙고자 하는 이유를 분명히 밝혔을 것입니다. 그러나 본문에는 그 이유가 기록되어 있지 않습니다. 그러나 성경은 항상 힌트를 제공합니다. 성경을 진지하고 자세하게 묵상해야 하는 이유가 여기에 있습니다.

예수님 뵙기를 소원하는 헬라인들이 어떤 사람이었는지 본문이 말씀해줍니다. 20절을 보면, 그들은 명절에 예배하러 올라온 사람들입니다. 21절에서, 예수님 뵙기를 빌립에게 청할 때 다음과 같이 말했습니다. "선생이여 우리가 예수를 뵈옵고자 하나이다" 이 말씀의 헬라어 원문 표현은 다음과 같습니다. κύριε, θέλομεν τὸν 'Ιησοῦ-ν ἰδεῖν.(퀴리에, 쎌로멘 톤 예순 이데인) '주여, 우리가 예수님 뵈옵기를 원합니다.' 한글성경은 "선생이여"라고 기록되어 있지만, 원문은 κύριε(퀴리에), '주여'입니다.

빌립에게 κύριc(퀴리에), '주어'라는 호징을 사용하고 있습니다. 잘못된 호칭입니다. 빌립에게 사용할 수 없는 호칭입니다. 왜 빌립을 "주여"라고 불렀을까요? 예수님의 제자 가운데에서 빌립의 위치를 보여주는 표현일까요? 예수님의 제자인 빌립에게 이런 호칭을 사용한 것을 보면, 예수님 뵙기를 소원하는 저들이 예수님께는 어떤 마음을 가지고 있었는지 짐작해볼 수 있습니다. 헬라인들이 예수님 뵙기를 소원한 것은 분명 악한 의도는 아니었습니다. 선한 의도, 좋은 의도였습니다. 이것이 예수님을 뵙고자 한 헬라인들의 마음입니다.

예수님 뵙기를 소원하는 헬라인들의 요청을 받은 빌립은 안드레에게 갔습니다. 주님을 뵈옵기를 원했으니 주님께 인도했어야 하는데, 왜 안드레에게 갔을까요? 둘은 의논을 했습니다. 그리고 예수님께 갔습니다. 안드레와 빌립이 예수님께 헬라인들이 예수님 뵙기를 소원한다고 전했습니다. 본문에는 기록되어 있지 않지만, 안드레와 빌립은 저들이 예수님을 뵙고자 하는 분명한 목적까지 예수님께 말씀드렸을 것입니다. 예수님 뵙기를 소원하는 저들의 목적을 전해 들으신 예수님께서 23절 이하의 말씀을 하셨습니다. 그러므로 23절 이하의 예수님의 말씀은 예수님 뵙기를 소원하는 저들에게 주시는 말씀입니다.

그러므로 23절 이하에 예수님께서 주시는 말씀의 내용과 주제를 살펴보면, 바로 이것이 헬라인들이 예수님을 뵙기를 소원했던 목적이라는 것을 알 수 있습니다. 우리는 질문이 무엇인지 몰라도, 그 질문에 대한 답을 알면, 그 질문이 어떤 것이었는지 추적할 수 있습니다. 이와 같이, 본문 가운데 예수님 뵙기를 소원하는 헬라인들의 의도와 목적은 기록되어 있지 않지만, 예수님의 답변의 말씀을 통하여 예수님 뵙기를 소원한 헬라인들의 직접적인 의도와 목적이 무엇인지 추적할 수 있습니다.

23절 이하에 예수님께서 주신 말씀은 크게 세 가지 내용입니다. 먼저, 23~25절입니다. 이 말씀은 예수님의 삶, 예수님의 사명을 말씀하고 있습니다. 23절, "인자가 영광을 얻을 때가 왔도다." 인자이신 예수님께서 영광을 얻을 때가 왔습니다. 그런데 예수님의 영광은 사람의 생각과는 전혀 다릅니다. 예수님의 영광은 십자가의 죽음을 말씀합니다. 십자가는 세상에서 가장 부끄럽고 수치스러운 죽음입니다. 최고의 형벌입니다. 그런데 예수님께서는 이런 십자가를 영광이라고 말씀합니다. 이 둘 사이가 어떻게 연결되기에 수치스럽고 부끄러운 십자가가 주님의 영광, 가장 큰 영광의 길이 될 수 있다는 것일까요?

십자가의 외형은 수치와 멸시 그리고 부끄러움입니다. 그러나 십자가는 순종입니다. 순종해야 십자가로 나아갈 수 있습니다. 예수님께서 하나님께 순종하심으로 십자가를 지셨습니다. 예수님께서는 십자가의 순종을 통해 하나님의 뜻을 이루고자 하셨습니다. 그리고 하나님의 뜻을 이루는 것을, 비록 십자가이지만, 영광이라고 말씀하셨습니다. 성도의 영광도 마찬가지가 아닐까요? 하나님의 뜻을 이루는 것이 우리의 영광이 되어야 합니다. 그래야 순종할 수 있습니다. 하나님께서는 역사 안에서 누군가를 통해 하나님의 뜻과 계획을 펼치십니다. 거룩하신 하나님의 뜻을 펼치는 통로로 쓰임 받는 것이 영광입니다. 우리의 신앙이 아직 부족하여 거북한 표현이 될지 모르겠지만, 하나님께 쓰임 받는다면 죽음, 십자가조차도 영광입니다.

예수님의 영광은 십자가의 죽음을 의미합니다. 그래서 예수님께서도 영광의 때에 죽음을 말씀하셨습니다. 한 알의 밀이 땅에 떨어져 죽는 것과 같이 죽으시겠다고 말씀하셨습니다(24절). "지금 내 마음이 괴로우니 무슨 말을 하리요 아버지여 나를 구원하여 이 때를 면하게 하여 주옵소서 그러나 내가 이를 위하여 이 때에 왔나이다"(27절) 예수님은 참 하나님이시며, 참 인간이십니다. 죽음 앞에 서신 예수님의 고뇌를 보여줍니다. 33절을 보면, 예수님의 영광의 때를 "어떠한 죽음"이라고 표현하고 있습니다.

세상에는 두 종류의 삶이 있습니다. 나를 위해 사는 삶이 있습니다. 나쁜 것은 아닙니다. 남에게 해를 주는 삶보다 백 번 낫습니다. 그러나 좋은 것도 아닙니다. 세상 대부분의 사람이 나를 위한 삶을 삽니다. 그래서 나는 잘살 수 있을지 모릅니다. 그런데 우리는 잘살지 못합니다. 내가 잘사는 것이 남을 딛고 서서, 남의 것을 가져와서 잘사는 것이라면 생각해보아야 합니다. 오늘날 성공이라는 것이 이와 같습니다. 나는 성공하는데 우리는 성공하지 못합니다. 이런 것이 성공이라면, 성공이라는 것이 세상에 없는 것이 좋겠다는 생각이 듭니다.

두 번째의 삶입니다. 첫 번째 삶이 나를 위한 삶이었으니 두 번째 삶은 다른 사람, 세상을 위한 삶이 아닐까 생각됩니다. 본문 말씀은 두 번째 삶을 하나님의 뜻을 이루는 삶이라고 말씀합니다. 한 알의 밀이 되어 죽는 것이 많은 열매를 위한 죽음이니, "많은 열매", 곧 세상 사람들을 위한 죽음이라고 해석할 수 있습니다. 그러나 "많은 열매"는 하나님의 뜻하심과 계획하심의 열매를 의미합니다. 그러므로 한 알의 밀이 되어 죽어 많은 열매를 맺는 것은 하나님을 위한, 하나님의 뜻을 위한 삶입니다. 28절을 통해 예수님의 삶이 하나님을 위한 삶, 하나님의 영광을 위한 삶이었음을 볼 수 있습니다. "아버지여, 아버지의 이름을 영광스럽게 하옵소서"

하나님의 뜻을 위해 사는 삶은 희생과 헌신이 요구됩니다. 예수님께서는 십자가를 지셨고, 많은 선진들은 순교를 감당했습니다. 하나님을 위한 삶이 이러하기에 누군가에게 이 삶을 강요하기가 쉽지 않습니다. 헌신과 희생, 때로는 손해를 요구해야 하기 때문입니다. 그러나 하나님의 뜻을 이루는 삶은 거룩하고 고귀한 삶입니다. 꼭

필요한 삶입니다.

헬라인들의 요청을 받으신 예수님께서 말씀하신 두 번째 주제는 26절, “사람이 나를 섬기려면 나를 따르라”입니다. ‘섬기다’, ‘따르다’는 표현과 같이 26절 말씀은 예수님을 섬기는 자, 따르는 자, 곧 제자의 도를 말씀하고 있습니다. 예수님께서 가르쳐주시는 제자의 도는 안드레와 빌립에게 그리고 예수님을 뵙기를 소원했던 헬라인들에게 주시는 답변의 말씀입니다. 그러므로 헬라인들이 예수님을 뵙기를 소원했던 구체적인 목적은 바로 예수님의 제자가 되고자 했던 것입니다. 그래서 빌립을 찾아가 예수님을 만나게 해달라고, 예수님의 제자가 되게 해달라고 청하였던 것입니다. 제자가 되기를 소원하는 헬라인들에게 예수님께서 제자의 도를 가르쳐주셨습니다. 예수님을 따르는 것보다, 제자의 도를 실천하는 것이 온전한 제자가 되는 더 좋은 길이라고 말씀해주셨습니나.

예수님께서 두 번째 주제인 제자의 도를 다시 세 단계로 나누어 말씀해주셨습니다. 먼저, “사람이 나를 섬기려면”(ἐὰν ἐμοί τις διακονῇ-에안 에모이 티스 디아코내) 예수님을 섬기고자 하는 마음과 고백이 있어야 합니다. 내 안에서 예수님의 제자가 되고자 하는 감동과 결단이 일어나고 이 감동과 결단을 입으로 고백할 때, 그는 비로소 예수님의 제자로서의 첫발을 내딛게 됩니다. 예수님의 제자의 첫 번째 단계는 주님의 제자가 되고자 하는 마음의 감동과 고백입니다. 이 마음의 감동과 고백만 있다면 누구나 주님의 제자가 되기를 꿈꿀 수 있습니다. 제자가 될 사람이 정해져 있는 것은 아닙니다. 그래서 “사람이”에 해당하는 원문의 표현이 부정대명사 τις(티스)로 기록되어 있습니다.

제자의 두 번째 단계는 "나를 따르라"(ἐμοὶ ἀκολουθείτω-에모이 아콜루쎄이토)입니다. 예수님의 참된 제자가 되려면 예수님을 따라야 합니다. 예수님을 따른다는 것은 예수님의 말씀을 준행하는 것이고, 예수님의 삶을 본받는 것입니다. 그래서 제자의 도를 가르쳐주시는 예수님께서 하나님의 뜻을 따르신 예수님의 삶을 23~25절에 먼저 말씀해주셨던 것입니다. 모범을 제시해주신 것입니다. 제자가 되겠다는 헬라인들과 예수님의 제자들, 그리고 오늘 우리가 본받아 살아야 할 모범입니다.

세 번째 단계는 거룩한 마음을 가지고 고백한 성도가 이 고백대로 주님을 따를 때 얻게 되는 모습, 제자의 모습을 말씀해주십니다. "나 있는 곳에 나를 섬기는 자도 거기 있으리니", "거기", 예수님 계신 곳에 있는 자가 예수님의 제자입니다. 섬기는 자는 아직 온전한 제자가 아닙니다. 따르는 자도 아직 아닙니다. 섬기고 따라서 "거기"에 이른 자, "거기"에 비로소 선 자가 주님의 제자입니다. 헬라어 원문은 다음과 같이 기록하고 있습니다.

καὶ ὅπου εἰμὶ ἐγὼ ἐκεῖ καὶ ὁ διάκονος ὁ ἐμὸς ἔσται(카이 호푸 에이미 에고 에케이 카이 호 디아코노스 호 에모스 에스타이, "나 있는 곳에 나를 섬기는 자도 거기 있으리니") 첫 머리에 표현된 καὶ(카이)를 잘 해석해야 합니다. 이 καὶ(카이)의 바로 앞부분은 제자도의 두 번째 단계를 말씀하는 ἐμοὶ ἀκολουθείτω(에모이 아콜루쎄이토, 나를 따르라)입니다. ἀκολουθείτω(아콜루쎄이토)는 ἀκολουθέω(아콜루쎄오)의 명령형입니다. 이 명령형 ἀκολουθείτω(아콜루쎄이토)에 καὶ(카이, 그리고, and)가 연결되었

습니다. 명령형 뒤에 καὶ(카이, 그리고, and)가 위치하면, 이것은 '그리고'가 아니라, '그러면'으로 해석됩니다. 그러므로 이 말씀은 '그러면(나를 따르면) 나를 섬기는 자도 내가 있는 거기에 있을 것이다(거기 있게 될 것이다)'로 해석할 수 있습니다. 제자가 되어 예수님을 따르는 목적은 예수님이 계신 "거기"에 있기 위함입니다. 그래서 예수님을 따르는 결과는 예수님께서 계신 "거기"에 있게 되는 것입니다.

예수님께서 제자가 되기를 소원한 헬라인들에게 저들이 제자가 되기 위하여 따르고 지켜야 할 삶, 한 알의 밀이 되고 자기 생명을 미워하는 삶을 말씀해주셨습니다. 우리 생각에는 이런 삶이 희생이고, 헌신이라고 생각합니다. 손해라고 생각합니다. 그래서 생각해볼 것도 없이 피하려고만 합니다. 그러나 그렇지 않습니다. 예수님의 제자의 삶은 손해가 아닙니다. 손해처럼 보일 뿐입니다. 발견하기가, 헤아리기가 어려울 뿐입니다. 예수님께서 손해가 되는 것을 주시겠습니까?

성도가 예수님을 향하여 가져야 하는 하나의 전제가 있습니다. 어떤 의심 속에서도 결코 흔들리지 말고 붙들어야 할 전제입니다. 예수님께서는 성도에게 좋은 것을 주시는 분입니다. 우리가 구하는 것보다 더 좋은 것을 주십니다. 이런 예수님께서 예수님을 따라 살라고 말씀하셨습니다. 이 삶을 우리에게 주신 것입니다. 주님께서 주신 이 삶이 우리 눈에는 손해처럼 보이지만, 손해가 아닙니다. 좋은 것, 우리가 구한 것보다 더 좋은 것을 주시는 주님께서 우리에게도 주시려고 하는 좋은 것, 귀하고 소중한 복입니다. 그래서 예수님께서 주님을 따르는 제자가 얻게 될 복을 세 번째 주제로 말씀해주셨습니다.

세 번째 주제는 26절 후반부입니다. "사람이 나를 섬기면 내 아버지께서 그를 귀히 여기시리라"(ἐάν τις ἐμοὶ διακονῇ τιμήσει αὐτὸν ὁ πατήρ-에안 티스 에모이 디아코내 티매세이 아우톤 호 파태르) "사람이 나를 섬기면", '예수님의 제자가 되면' 하나님께서 그를 귀하게 여겨주신다고 말씀합니다. 하나님께서 귀히 여겨주시는 것이 예수님의 제자가 받는 복입니다. 귀히 여겨주신다는 의미의 τιμήσει(티매세이, 기본형, τιμάω-티마오)의 명사 τιμή(티매)는 '존경', '경의'를 의미합니다. 예수님의 제자가 되면, 감히 하나님께 이런 대접(?)을 받게 됩니다. 이런 상급을 받기에 예수님의 제자가 되는 것을 희생, 헌신, 손해, 부담이라고 말할 수 없습니다. 그렇게 여겨서는 안 됩니다. 하나님께서 우리가 드린 것과는 비교할 수 없을 만큼의 보상의 상급을 주시기에 결코 희생과 손해라고 말할 수 없습니다.

제자가 되기를 소원한 헬라인들에게, 안드레와 빌립에게, 그리고 나머지 제자들에게, 또한 말씀을 통해 주님의 음성을 듣는 오늘 우리에게 예수님께서 말씀하십니다. 나를 위한 삶이 아니라, 하나님을 위한, 하나님의 뜻을 위한 삶을 살라고 말씀하십니다. 한 알의 밀알과 같이 자기를 미워하는 삶을 살라고 명령하십니다. 지금까지는 이 길이, 이 삶이 희생과 헌신, 손해라고 여겨졌지만, 결코 그렇지 않다는 것도 가르쳐 알려주셨습니다. 복된 길이니 이 길을 걸으라고, "거기"로, 주님께서 계신 여기로 오라고 손짓하십니다. 그래서 하나님께서 주시는 귀히 여겨주심(존경, 경의)을 받아 누리라고 말씀하십니다.

하나님의 뜻을 이루는 삶을 사는 예수님의 제자가 되기를 기도합니다. 결코 희생과 헌신, 손해와 부담이 아닙니다. 복된 길이라 말씀해주셨습니다. 그런데도 우리는 이런 삶이 희생과 손해의 부담스러운 삶이라고 생각될 것입니다. 지금까지 설교를 통해 설득하고 주님께서 주신 말씀을 알려드렸지만, 이 설교가 여러분의 마음과 생각을 바꾸지 못할 것을 알고 있습니다.

그래서 거룩하신 성령님이 지금 우리 가운데 오시기를 간절히 바라고 기도합니다. 거룩하신 성령님께서 오셔서 우리 마음을 만져주시고, 우리 영혼에 기름 부어주셔서 하나님을 위한 삶이 희생과 손해처럼 보이지만, 결코 그렇지 않고 오히려 축복임을 깨닫게 해주시기를 기도합니다. 그래서 우리가 하나님을 위한 예수님의 제자의 삶, 이 거룩한 삶을 꿈꾸게 해주시기를 기도합니다. 우리가 가질 수 있는 마음이 아니고, 설교를 통하여 줄 수 있는 마음도 아니기에 성령님께서 우리에게 이 마음을 부어주시기를 기도합니다.

하나님을 위해 사는 것, 이 세상 속에서 하나님의 나라와 하나님의 사람들을 위해 사는 것이 나를 위해 사는 것보다 더욱더 나를 위해 사는 것이라는 모순의 신비를 거룩하신 성령께서 우리에게 깨닫게 해주시기를 기도합니다. 이 삶을 살아갈 감동과 결단, 입술의 고백과 발걸음의 순종의 실천을 허락해주시기를 축복하며 기도드립니다. 아멘.

나사로의 전도

"유대인의 큰 무리가 예수께서 여기 계신 줄을 알고 오니 이는 예수만 보기 위함이 아니요 죽은 자 가운데서 살리신 나사로도 보려 함이러라 대제사장들이 나사로까지 죽이려고 모의하니 나사로 때문에 많은 유대인이 가서 예수를 믿음이러라"(요한복음 12장 9~11절)

유대인의 큰 무리가 예수님께서 베다니에 계신 것을 알고 예수님을 뵈러 왔습니다. 그들은 예수님만 뵈러 온 것이 아니라, 예수님께서 살리신 나사로도 보고자 했습니다. 11절, "나사로 때문에 많은 유대인들이 가서 예수를 믿음이러라" ὅτι πολλοὶ δι' αὐτὸν ὑπῆγον τῶν Ἰουδαίων καὶ ἐπίστευον εἰς τὸν Ἰησοῦν.(호티 폴로이 디 아우톤 휘패곤 톤 유다이온 카이 에피스튜온 에이스 톤 예순.) 대제사장들은 많은 사람들이 "나사로 때문에" 예수님을 믿게 되는 것을 보고는 나사로까지(καὶ τὸν Λάζαρον-카이 톤 라자론) 죽이려고 모의했습니다.

11절 말씀을 9절 말씀과 연결하여 살펴보면, 유대인들이 예수님과 나사로를 보러갔다가 나사로를 통해(나사로 때문에), 즉 나사로의 증언을 통해 예수님을 믿게 된 것으로 보입니다. 그러나 11절은 조금 다르게 말씀하고 있습니다. "나사로 때문에"(δι᾽ αὐτὸν-디 아우톤, 그-나사로 때문에) 두 가지 일이 일어났다고 말씀합니다. 하나는, 나사로 때문에 "많은 유대인들이 가서", 즉 많은 유대인들이 갔다고, 예수님께 갔다고 말씀하고 있습니다. 나사로 때문에 많은 유대인들이 예수님께 갔다는 것은 죽음으로부터 되살아난 자신을 보러 온 많은 유대인들을 나사로가 예수님께 보냈다는 의미입니다.

이런 본문의 내용을 의미하는 표현이 "가서"입니다. '가다'를 의미하는 본문의 표현 ὑπῆγον(휘패곤, 기본형, ὑπάγω-휘파고)은 '~아래로'를 의미하는 ὑπό(휘포)와 '인도하다'를 의미하는 ἄγω(아고)가 합쳐진 동사입니다. '가다'를 의미하는 이 동사의 기본적인 의미는 '~아래로 인도하다'입니다. 나사로가 많은 유대인들을 예수님께 가도록 인도했다고 볼 수 있습니다.

11절이 말씀하는 두 번째 내용입니나. 나사로 때문에 예수님께 간 유대인들이(나사로가 보낸 유대인들이) 예수님을 믿게 되었습니다. 많은 유대인들이 예수님을 믿게 된 데에는 나사로의 전도가 한 부분을 감당했습니다. 나사로의 전도는 자신을 찾아온 무리를 예수님께 보내는 것이었습니다. 이것이 나사로의 전도입니다. 나사로는 자신을 찾아온 많은 유대인들이 예수님을 만나도록 했습니다. 이것이 전도입니다.

세례자 요한도 자신의 두 제자를 예수님께 보냈습니다(요 1:37). 그들은 예수님의 말씀대로 예수님께 가서 예수님을 보고 난 후(요 1:39, "와서 보라"), 주님의 제자가 되었습니다. 우리의 전도도 마찬가지입니다. 사람들을 예수 그리스도께 보내는 전도를 해야 합니다.

사람들이 내 이야기가 아니라, 예수 그리스도를 만나서 예수 그리스도의 말씀을 듣게 해야 합니다. 전도는 나의 말이 아니라, 예수 그리스도의 말씀이 하는 것입니다.

나사로의 전도는 가서 예수님을 만나게 하는 전도입니다. 예수님께서 세례자 요한의 두 제자에게 말씀하셨습니다. "와서 보라", ἔρχεσθε καὶ ὄψεσθε.(엘케스쎄 카이 옵세스쎄.) '오라 그러면 볼 것이다(보게 될 것이다.).'는 말씀입니다. 주님의 말씀을 받은 안드레는 베드로와 빌립에게 예수님의 전도방법을 사용했습니다. 와서 예수님을 보라고 전도했습니다(요 1:40~44). 그들은 예수님께 와서 보고 주님의 제자가 되었습니다. 그리고 빌립도 나다나엘에게 "와서 보라"는 전도방법을 사용했습니다. "나사렛에서 무슨 선한 것이 날 수 있느냐"(요 1:46)는 나다나엘에게 일단, 한 번만이라도 와서 예수님을 보라고, 예수님의 말씀을 들어보라고 전도했습니다(요 1:46). 이것이 성경의 전도방법입니다.

오늘 본문의 나사로도 그들에게 '가서(ὑπῆγον-휘패곤) 보라', '(예수님께)가라 그러면 볼 것이다.'라고 주님의 전도 방법, "와서 보라"고 전도했습니다. 우리의 신앙도 예수님께 가서 보는 것이어야 합니다. 가서 주님께서 보여주신 말씀, 주님께서 보여주신 길을 따르는 신앙을 살아야 합니다. 우리의 전도 역시 예수님께 보내는 것이어야 합니다. 우리가 주는 것이 아니라, 예수님께 보내 예수님께서 보여주시고, 주시는 것을 그가 받도록, 그래서 그가 그 힘으로 신앙할 수 있게 해야 합니다.

이제 우리에게 신앙과 전도의 큰 전제, 큰 그림은 그려졌습니다.

이 큰 그림을 채울 작은 부분들을 말씀과 기도로 채워나가야 합니다. '예수님께 가서 보아야 신앙할 수 있는데, 매 순간의 삶 속에서 나는 어떻게 예수님께 갈까?'를 고민해야 합니다. 또한 '이 사람들을 어떻게 예수님께 보낼까?' 고민해야 합니다. 이 고민의 해답이 우리의 신앙과 전도의 좋은 길과 모범을 제시해줄 것이라 믿습니다.

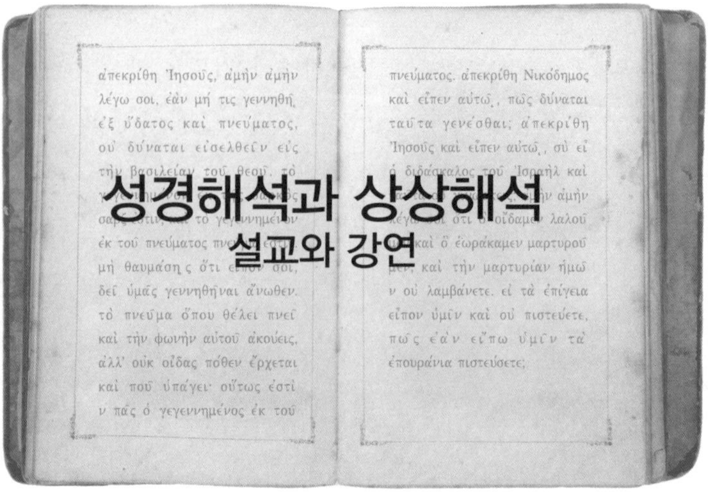

성경해석과 상상해석

설교와 강연

오늘날에는 모든 신앙인에게 성경해석의 권한과 의무가 주어졌습니다. 특별히 목회자에게는 더욱더 그렇습니다. 목회자의 첫 번째 관심은 성경해석일 것입니다. 조금 더 세밀하게 말하면 신학이 아니라, 성경해석입니다. 목회자로서 주어진 성경해석의 권한, 특권과 의무에 늘 관심, 사명을 가지고 있습니다.

귀한 것을 소유하고 있지 못하면 소유하기를 사모하지만, 그것을 소유하고 있다면 안심이 지나쳐 오히려 소홀할 때가 많습니다. 목회자에게 성경해석이 그런 것 같습니다. 목회자에게는 언제나 성경해석의 문이 열려 있습니다. 마음만 먹으면, 아니 시간표로 정해져 있어서 성경을 해석하고 그 해석을 성도들에게 설교할 수 있습니다. 이렇게 늘 설교, 성경해석과 가까이 있기에, 다 알고 있는 것처럼 착각하게 되고 오히려 본질에 소홀하게 될 때가 많은 듯합니다.

가장 좋은 성경해석, 가장 바람직한 성경해석은 하나님의 뜻을 풀어내는 것입니다. 성경을 기록하신 하나님의 목적, 성경 안에 담아 놓으신 하나님의 뜻을 발견해내는, 뽑아내는 해석입니다. 이런 해석을 얻기 위해 저는 원어를 택했습니다. 아니, 솔직하게 고백한다면, 하나님께서 한번 시도해보라고 추천해주신 원어의 길을 걷고 있습니다. 다른 사람보다는 나을 수 있습니다. 그러나 저 자신이 보기에도 여전히 너무나 부족한, 아니 이런 표현조차도 부끄러울 정도입니다. 실제로 별것 아닙니다.

성경해석이 중요한 것은 이 해석이 신앙을 세우기 때문입니다. 성경을 해석하는 자신뿐만 아니라, 그 해석을 설교와 상담, 그의 삶을 통해 듣는 성도들의 신앙도 세우기에 더욱 중요하며 또한 조심해야 합니다. 성경해석에 따라 바른 신앙을 세워야 합니다. 물론 그릇된 해석은 신앙이 아니라, 신념 정도를 세우고 맙니다. 그 신념은 신앙을 향했던 열성과 사모함을 왜곡시키고 퇴색시켜버리고 맙니다. 그런 사람이 바리새인과 당시 종교지도자들이었습니다. 하나님의 율법 안에서 하나님의 뜻을 해석하지 못했기 때문입니다. 오늘 우리 가운데도 없다고 확신할 수 없습니다. '나는 아니다'라는 확신도 물론 할 수 없습니다.

성경해석 앞에 마주서야 하는 신앙인으로서, 특별히 목회자로서 성경해석의 걸림돌을 하나 들라고 하면, "상상해석"을 꼭 들겠습니다. "상상해석"이라는 표현은 윤보환 목사님의 표현을 빌려온 것입니다. "상상해석", 대단히 중요한 개념입니다. 말 그대로 성경을 상상으로, 내 생각으로, 곧 내 삶 안에서, 내 삶 안에, 어쩌면 나도 모르게 녹아 있는, 나의 가치관과 문화, 풍조와 지식 등으로 해석하는 것입니다. 성경을 내 안으로 들여오는 것이라 할 수 있습니다. 성경해석은 내가 성경 안으로 들어가는 것입니다. 그러나 상상해석은 성경을 내 안으로 들여와, 나에 맞춰서 해석합니다. 그러니 성경에서 하나님의 뜻을 발견하려는 해석이 아니라, 나의 생각을 성경으로 합리화, 뒷받침하려는 어리석은 길을 걷기 쉽습니다. 물론 그런 의도가 절대로, 결코 없다고 해도 말입니다. 더구나, "상상해석"의 개념조차 지니고 있지 않다면, 이 실수를 인식조차 못할 것이고, 이 실수를 "피를 토하는 심정으로"라는 열정에 속아, 자아도취 되어 반복할 수도 있을 것입니다.

물론, 설교도 상상입니다. 그러나 설교의 기초가 성경일 때, 그 상상은 상상해석이 아니라, 성경해석, 곧 설교가 됩니다. 그러나 설교라 할지라도, 그 상상이 성경 없는, 성경 아닌 곳에서의 상상이라면, 그것은 설교가 아니라 강연이라 해야 합니다. 교회는 강연이 아니라 설교가 선포되는 곳입니다. 목회자는 강연이 아니라 설교를 준비하고 선포하는 하나님의 대언자입니다. 목회자는 자신의 설교가 설교인지 강연인지, 냉정하고 솔직하게 그리고 철저하게 점검해야 합니다. 설교가 아닌 강연으로 이스라엘 백성을 이끌었던 바리새인과 서기관들이 그토록 주님의 신랄한 저주(?)를 받았던 성경의 말씀을 늘 되새겨야 합니다.

성경해석과 상상해석의 예를 들어보겠습니다. 마태복음 5장 13~16절의 "소금과 빛"입니다.

"너희는 세상의 소금이니…." (13절)

῾Υμεῖς ἐστε τὸ ἅλας τῆς γῆς(휘메이스 에스테 토 할라스 태스 개스.)

'너희는 땅의 소금이다.'

이 본문을 해석할 때, 보통은 소금을 두 가지로 해석합니다. 첫째는 썩지 않는 것, 썩지 않게 하는 것으로, 둘째는 맛을 내는 것으로 해석합니다. 이 (상상)해석을 기초로 해서, 이 (상상)해석의 토대 위에서 이어지는 다음 (상상)해석을 이어갑니다. 전개합니다. 그래서 썩지 않는 신앙인이 되고, 세상을 썩지 않게 하는 신앙인이 되라고, 그리고 세상에 맛을 내는 신앙인이 되라고 합니다.

물론 이 교훈은 더없이 훌륭한 가르침입니다. 이상입니다. 그러나 어떻게 해야 그러한 소금과 같은 신앙인이 될 수 있는지에 대한 구체적인 답, 길, 방법, 성경의 해석은 전혀 제시되어 있지 않습니다. 마치 병사를 훈련시키지 않고, 그에게 군수물자를 보급하지 않고 전장터로 배치하며 꼭 임무를 완수해야 한다고, 승전해야 한다고 명령을 내리는 것과 다르지 않습니다. 최소한 세상을 썩지 않게 하고, 세상에 맛을 낼 수 있는 길을 제시해주어야 합니다. 이 물음, 이 지적에 대해서도 분명히, 부랴부랴, 상상해석을 동원해 답변을 찾으려 임기응변할 것이라 생각됩니다.

소금을 상상으로 해석했기 때문입니다. 내 삶 안에서 자리 잡은, 내 삶 안에 녹아있는 소금의 의미를 풀어낸 상상해석입니다. 소금의 의미를 내 삶, 내 지식이 아니라 성경 속으로 들어가 발견해야 합니다. 성경이 소금을 무엇이라 말씀하는지, 그 소금의 성경의 의미를 찾아 해석해내야 합니다. 예수님께서 사용하신 소금의 의미가 성경이 말씀하는 의미의 소금이라는 것은, 그것이 어떤 의미인지를 살펴보기 전에 이미 전제할 수 있습니다. 이 윤곽을 그리는 것, 전제하는 것은 매우 중요합니다. 바른 방향을 설정하고 나아가는 행진과 같을 것입니다.

성경의 해석은 창조와 자유를 최우선으로 하는, 그런 세상의 학문과는 차원이 다르다는 것을 반드시 인정해야 합니다. 창조와 자유라는 허울 좋은 스크린으로 가려져 잘 보이지 않는, 잘 보지 못하는 그 현혹의 스크린 너머의 결과, 그 결국의 종착지까지 내다볼 수 있는 눈이 있어야 합니다. 그래야 세상에 세상이 보지 못하는 그러나 세상이 알아야 하는 하나님의 말씀, 예수 그리스도의 복음을 전할 수 있습니다. 보이는 그래서 쉬운, 현혹되기도 쉬운 상상해석이 아니라, 보이지 않는 그래서 어려운, 발견하기 어려운(마 7:13~14)) 성경해석을 위해 진지함과 끊임없는 시간으로 임해야 합니다.

성경은 소금을 대략 세 가지로 말씀합니다. 자세한 내용은 마태복음에서 다루겠습니다. 성경의 소금의 의미는 첫째, '온전한 예배자'입니다(레 2:13). 둘째, '하나님을 닮는 자, 하나님의 성품을 닮는 자'입니다(출 30:34~36, 마 5:48). 셋째, '하나님의 언약의 백성'입니다(민 18:19, 대하 13:5). 셋째에서 밝힌 하나님의 언약의 백성에는 두 가지 측면이 있습니다. 먼저, 성도의 입장입니다. 성도는 하나님의 영원한 언약의 백성이 되기 위하여 절대로, 그 어떤 상황에도 하나님의 은혜를 놓아서는 안 됩니다. 요셉과 같이 질질 끌려가는 한이 있어도 결코 하나님을 붙잡은 손, 그 신앙을 놓아서는 안 됩니다. 성도가 하나님의 언약의 백성이 될 수 있는 하나의 길입니다. 다음으로, 하나님께서는 하나님의 언약의 백성을 결코 홀로 두지 않으십니다. 결코 외면하지 않으십니다. 하나님의 언약의 백성이 하나님께로부터 누리는 복입니다. 이 복을 얻기 위해 성도는 믿음의 순전함과 흔들림 없는 소망 위에 서야 합니다.

본문은 예수님께서 우리에게 첫째와 둘째 그리고 셋째와 같은 소금이 되라고 당부하신 말씀입니다. 그래야 비로소 우리가 소금, 세상의 소금, 세상 안에서의 소금이 될 수 있습니다. "세상의 소금"에서 "세상"의 원어의 의미는 '땅'입니다. 성경에서 '땅'은 '죄인이 사는 세계'를 의미합니다. 하나님을 알지 못하고 영접하지 않는 죄인의 세상을 의미합니다(요 1:10~11). 이런 세상 속에서 성도가 소금으로 존재해야 한다는 말씀입니다. 그러므로 세상은 소금의 존재 가치가 밝히 드러나는 무대라 할 수 있습니다.

성도는 세상, 땅에서 위의 세 가지 모습, 곧 신앙으로 소금이 되어, 이 신앙으로 세상을 썩지 않게 하고, 세상에 맛을 내게 하는 존재가 되어야 합니다. 하나님의 백성, 자녀로 살아야 소금이 될 수 있습니다. 이것이 성도의 사명, 신앙인의 존재의 가치입니다. 세상에 맛을 낸다는 것은 마가복음 9장 50절 말씀과 같이 "화목"을 전하는, 좀 더 구체적으로는, 성경에서 "화목"이 의미하는 "화평"과 "평안" 그리고 "평화"를 전하는 자가 되어야 한다는 말씀입니다. 이렇게 성경이 말씀하는, 예수님께서 "소금"을 말씀하시며 주님의 마음에 가지고 계셨던(계셨을) 그 의미를 찾는 것이 중요합니다.

성경적 소금이 되어야 우리가 생각하는 상상의 두 가지 소금의 모습을 이룰 수 있습니다. 이 순서, 이 과정이 중요합니다. 성경적 의미에서 우리 삶의 의미로 지평이 확장되고 일치되는 성경해석의 길을 걷고, 하나님의 뜻을 성경에서 발견하고 이 해석을 세상에서 실행해야 합니다. 행해야 합니다. 행함의 원어의 의미 가운데 하나는 '만들다'를 의미합니다. 하나님의 말씀 안에 담겨 있는 세계를 행함으로 세상에, 내 삶 안에 만들어내는 것을 행함이라고 합니다.

이어서 예를 듭니다.

> "너희는 세상의 빛이라…."(14절)
>
> Ὑμεῖς ἐστε τὸ φῶς τοῦ κόσμου. οὐ δύναται πόλις κρυβῆναι ἐπάνω ὄρους κειμένη(휘메이스 에스테 토 포스 코스무. 우 뒤나타이 폴리스 크뤼배나이 에파노 오루스 케이메내.)
>
> '너희는 세상의 빛이다. 산 위에 있는 도시가 숨겨질 수 없다.'

예수님께서 성도에게 빛이 되라고 말씀하십니다. 우리는 역시, 세상을 비추는 빛, 세상을 밝게 하는 빛이 되어야 한다고 해석하고 전합니다. 그러나 어떻게 해야 세상을 비출 수 있고, 빛이 되어줄 수 있는지, 그리고 무엇을 비춰야 하는지에 대해서는 전혀 언급이 없습니다. 언급을 하지 못하고 있습니다. 사실은 굉장히 애매하고 모호한 해석입니다. 듣기에는 좋은데, 그 해결의 길이 제시되어 있지 않아서 오히려 더욱 혼란스럽게 할 그런 말입니다.

예수님께서는 친히 빛이 되어주셨습니다. 그래서 "사망의 땅과 그늘에 앉은 자들을" 비춰주셨습니다(마 4:16). 주님께서 우리에게 빛이 되라고 하심도 우리에게 사망의 땅과 그늘에 앉은 자들을 비추라는 그런 의미일까요? 그런 의미일 것입니다. 그러나 우리는 빛 되신 주님과는 다른 빛이 되어야 한다는 것을 알아야 합니다. 주님께서는 "발광체"(發光體)의 빛이시지만, 성도는 "반사체"(反射體)의 빛이어야 합니다. 성도가 반사체의 빛이 되는 길은 발광체이신 예수 그리스도의 빛을 받는 것 외에는 다른 길이 없습니다. 하나님의 말씀, 예수 그리스도의 복음의 빛을 받아, 담아, 이 빛을, 이 빛만 전해야 합니다. 그래야 내가 빛(반사체-反射體)이 될 수 있습니다. 이 길만이 성도가 빛이 될 수 있는 길입니다.

빛 되신 예수님께서 "사망의 땅과 그늘에 앉은 자들을" 비춰주셨습니다. 성도가 반사체의 빛이 되어 비춰야 할 대상, 목표도 있어야 합니다. 그러나 상상해석에서는 빛이 무엇인지도 말하지 않고, 반사체로서의 빛이 되어 성도가 비춰야 할 대상에 대해서도 입을 닫고 있습니다. 아니 입을 닫고 있다는 것은 의지의 행동이므로, 상상해석은 전혀 모르고 있다는 것이 옳은 표현일 것입니다. 반사체의 빛이 되어 성도가 비춰야 할 대상을 본문이 말씀해주고 있음에도 불구하고, 상상해석의 물결에 휩쓸려 내려가는 해석은 그 본문을 볼 틈을, 그 본문의 의미가 무엇인지를 진지하게 씨름할 틈을 얻지 못하고 맙니다. 그래서 반드시 짚어야 할, 풀어야 할 그 대상을 그렇게 그냥 지나쳐버리고 맙니다. 물론 이 귀한 것을 놓치고 지나갔다는 사실을 전혀 눈치 채지 못하고 말입니다.

본문에 이런 말씀이 있습니다. "너희는 세상의 빛이라" 성도에게 세상의 빛이 되라고 말씀하십니다. 그러고는 바로 이어서 말씀하십니다. "산 위에 있는 동네가 숨겨지지 못할 것이요"

무슨 뜻이겠습니까? 예수님께서 무슨 말씀을 하시는 것이겠습니까? "산 위에 있는 동네"가 숨겨지지 말아야 한다는 것은 빛의 입장에서는, 예수 그리스도의 빛을 받아 비춰야 하는 반사체의 빛, 성도의 입장에서는 "산 위에 있는 동네"를 비춰야 한다는 것입니다. 예수님께서 "사망의 땅과 그늘에 앉은 자들에게" 빛을 비추셨던 것과 같이 말입니다. 빛이 비추는 데 있어서 대상이 없을 수 없습니다. 대상이 있어야 빛이 비춰지고, 그 비춤의 행위가 드러납니다.

"산 위에 있는 동네"를 비추라는 말씀, 명령은 무슨 의미일까요? 왜 "산 위에 있는 동네"를 지적하여 말씀하셨을까요? "산 위에 있는 동네"는 일반적인 명사가 아니라, 고유명사임을 알아야 합니다. 이 표현이 어떤 고유명사를 지시하시는 주님의 마음임을 알 수 있는 두 가지 길이 본문 안에 있습니다. 두 개의 표현을 잘 살펴야 합니다. 하나는, "있는"이고, 나머지 하나는 "동네"입니다. "있는"과 "동네"의 원문을 보면, 그 실마리를 풀어나갈, 물론 그 의미를 짚어내기란 쉽지 않을 것이지만, 단초를 얻을 수 있습니다.

먼저, "있는"입니다. 마태복음에서 원문과 함께 자세히 다루기로 하고, 그 의미만 짚어보겠습니다. "있는"의 의미를 다시 두 가지 경우, 방향에서 살필 수 있습니다. 하나는, 산 위에 자연적으로, 저절로 있는 그런 동네를 의미하는 표현입니다. 이것이 우리가 생각하기에도 옳다고 여겨지는 "있는"의 의미입니다. 그러나 본문 "있는"의 원문의 의미는 '놓여진'입니다. '놓여진'은 누군가에 의해서 건설된 것이지, 결코 스스로, 저절로, 자연적으로 있는 것이 아닙니다.

이렇게 "있는"의 의미를 누군가에 의해서 '건설된', '놓여진'으로 풀어내면, 두 번째 힌트, "동네"를 풀어내고, 이해하기란 어렵지 않습니다. "동네"의 원문의 의미는 '도시'입니다. '도시'를 의미하는 폴리스(πόλις)가 "동네"의 원문의 표현입니다. 이제 이 두 표현을 이어서 하나의 더 온전한 힌트로 세울 수 있습니다. '누군가에 의해서 놓여진-건설된 도시'입니다. 바로 이것이 성도가 예수님의 빛을 받아서 비추어야 할 대상입니다. '산 위에 건설된 도시'를 비추는 것이 성도의 사명, 빛이 되어서 비추라고 주님께서 명령하신 본문의 의미입니다.

'산 위에 건설된 도시'는 조금만 생각한다면, 어렵지 않게 그것이 시온 산, 다윗 성이 있는 예루살렘임을 알 수 있습니다. 성도는 예루살렘, 시온 산, 다윗 성을 비추는 빛이 되어야 합니다. 여기서 한 번만 더 시온 산, 다윗 성, 예루살렘의 본연의 의미, 예수님께서 말씀하시며 마음에 가지고 계셨던 구체적인 대상을 확정지어야 합니다. '산 위에 건설된 도시, 곧 시온 산, 다윗 성, 예루살렘'의 존재의 의미는 어디에 있을까요?

맞습니다. 이제 여기까지 성경해석을 붙잡고 조심스럽게, 때로는 떨리는 마음으로 추적해온 그 구체적인 대상과 마주할 수 있게 되었습니다. 그 존재의 의미는 성전, 예루살렘 성전입니다. 산 위에 건설된 도시, 시온 산, 다윗 성, 예루살렘으로 그것이 불리는 것은 그곳에 거룩하신 하나님의 성전이 있기 때문입니다. 이 모든 것들의 존재의 가치가 거룩하신 하나님의 성전에 초점이 맞춰져 있음을 알 수 있습니다. 이제 "산 위에 있는 동네"의 구체적인 대상은 여러 과정을 거쳐 "거룩하신 하나님의 성전"임을 풀어냈습니다.

주님께서 우리에게 반사체의 빛이 되어 비추라고 하신 대상은 바로 하나님의 거룩하신 성전입니다. 성도는 하나님의 거룩하신 성전을 비추는 신앙이 되어야 합니다. 목회자의 설교 역시 하나님의 거룩하신 성전을 비추는-제시하는 설교가 되어야 합니다. 이때 온전한 빛, 주님께서 의미하셨던 빛으로 설 수 있습니다. 성도의 신앙이, 목회자의 설교와 신앙이 성전을 비추는 신앙이 되어야 합니다. 그래야 세상 사람들이 스포트라이트를 받은 성전을 명확하고 분명하게 보아 하나님의 거룩하신 성전을 찾아 신앙의 순례의 길을 떠날 수, 이를 수 있습니다. 이런 빛이 되는 것이 신앙의 본질, 본연의 임무-사명이 아니겠습니까!

이런 의미를 우리는 구약성경 이사야 2장 2~3절과 미가서 4장 1~2절에서 살펴볼 수 있습니다.

> "말일에 여호와의 전의 산이 모든 산 꼭대기에 굳게 설 것이요 모든 작은 산 위에 뛰어나리니 만방이 그리로 모여들 것이라 많은 백성이 가며 이르기를 오라 우리가 여호와의 산에 오르며 야곱의 하나님의 전에 이르자 그가 그의 길을 우리에게 가르치실 것이라 우리가 그 길로 행하리라 하리니 이는 율법이 시온에서부터 나올 것이요 여호와의 말씀이 예루살렘에서부터 나올 것임이니라"(이사야 2장 2~3절)

> "끝날에 이르러는 여호와의 전의 산이 산들의 꼭대기에 굳게 서며 작

은 산들 위에 뛰어나고 민족들이 그리로 몰려갈 것이라 곧 많은 이방 사람들이 가며 이르기를 오라 우리가 여호와의 산에 올라가서 야곱의 하나님의 전에 이르자 그가 그의 도를 가지고 우리에게 가르치실 것이니라 우리가 그의 길로 행하리라 하리니 이는 율법이 시온에서부터 나올 것이요 여호와의 말씀이 예루살렘에서부터 나올 것임이라"(미가 4장 1~2절)

이사야와 미가의 본문 내용은 동일합니다. "여호와의 전의 산"이 산꼭대기가 될 것, 모든 것 위에 도드라질 것입니다. 마치 빛이 비춰 "여호와의 전의 산"만 선명하게 드러나게 되는 것과 같습니다. 이때 만방이, 모든 민족들이, 이방 사람들이, 모든 사람들이 그리로 모여들 것이라고 합니다. 모든 사람이 이제 여호와의 전으로 달려갈 수 있게 된 것입니다. 그들의 목적은 단 하나, 하나님의 전에 이르는 것입니다. 왜 하나님의 전에 이릅니까? 하나님의 전에만 "그의 길", 곧 생명의 길이 있기 때문입니다. 이 생명을 얻기 위해 만방이 여호와의 전의 산으로 나아가는 것입니다. 성도는, 목회자의 설교는 만방이 여호와의 전의 산으로 나아갈 수 있도록, 여호와의 전의 산을 비추는 빛이 되어야 합니다. 엉뚱한 곳을 비추는 그런 혼란의 빛이 되어서는 안 됩니다. 이 빛이 되어야 주님께서 우리에게 명령하신 세상의 빛이 되는 성도가 비로소 되는 것입니다.

무엇이 진리이고, 무엇이 생명이고, 무엇이 영생과 구원의 길인지 알 수 없는, 알고자 해도 너무나 복잡하게 얽히고, 제목소리를 내는 것들이 많아 현혹될 수밖에 없어서 그 길을 찾을 수 없는 세상을 향하여, 만방의 사람들을 향하여 "그의 길", 생명과 구원, 영생의 길이 있는 하나님의 전을 비출 수 있는 빛이 되어야 합니다. 우리가 비출 곳은 오직 여호와 하나님의 전, 예수 그리스도의 은혜와 평강, 그리고 복음, 그리고 이 모든 구원의 길이 충만하게 흘러넘치는 예수 그리스도의 피 값으로 사신 몸 된 교회-성전입니다. 세상 사람이, 만방이 이곳으로 올 수 있도록, 목표물을 선명하게 드러나게 해주는 이정표의 빛이 되어야 합니다.

"세상의 소금"과 "세상의 빛"을 가지고 풀어낸 성경해석과 상상해석의 두 모습을 잠깐 요약하여 제시했습니다. 그 방향이 전혀 다름을 볼 수 있습니다. 해석에 따라 설교가 될 수도 있고, 강연 정도로 그칠 수도 있습니다. 저의 착각일 수도 있겠지만, 그 깊이는 말할 수 없는 큰 차이라고 생각됩니다. 해석을 통해 나의 신앙을 세우는 것만 아니라, 성도의 신앙을 세워야 하는 이 두렵고 떨리는 사명 앞에 선 목회자로서, 때로는 평신도 지도자로서, 이 거룩한 두려움을 잊지 않기를, 내 안에서 이 거룩한 두려움이 사라지지 않기를 늘 기도할 뿐입니다. 하나님께 예배드리는 그 설교가 늘 설교될 수 있기를, 열정과 진정의 사모함의 신앙이 영과 진리의 빛 된 신앙이기를 날마다 소원하고 또 소원할 뿐입니다.

원어성경으로 풀어가는 요한복음 I

초판 1쇄 2014년 4월 21일

임성환 지음

발행인 | 전용재
편집인 | 손인선

펴 낸 곳 | 도서출판 kmc
등록번호 | 제2-1607호
등록일자 | 1993년 9월 4일

(110-730) 서울특별시 종로구 세종대로 149 감리회관 16층
(재)기독교대한감리회 출판국
대표전화 | 02-399-2008 팩스 | 02-399-4365
홈페이지 | http://www.kmcmall.co.kr
디 자 인 | 코람데오 02-2264-3650~1

값 10,000원

ISBN 978-89-8430-642-4 04230
978-89-8430-643-1(세트)

「이 도서의 국립중앙도서관 출판시도서목록(CIP)은 서지정보유통지원시스템 홈페이지(http://seoji.nl.go.kr)와 국가자료공동목록시스템(http://www.nl.go.kr/kolisnet)에서 이용하실 수 있습니다.
(CIP제어번호 : CIP2014011672)」